Tannen, Lobgesang Weihnachtsklang

Gedichte, Geschichten, Liedtexte und Bühnenstücke zur Advents- und Weihnachtszeit

AF187940

Vera Hewener

Edition Calamus

Über das Buch

Was bedeutet der Advent? Schreibt Nikolaus alles ins goldene Buch? Haben Stollen etwas mit Fußball zu tun und wo ist das Gebäck geblieben? Besinnliche und heitere Gedichte, Geschichten, Liedtexte und kurze Bühnenstücke, auch in moselfränkisch, stimmen auf das Weihnachtsfest ein. Ein Buch für alle, die sich gerne in eine stille Ecke zurückziehen und schmökern möchten, anderen vorlesen, gerne Lieder singen oder die Stücke nachspielen wollen.

Über die Autorin

Vera Hewener erhielt für ihr Werk mehrere internationale Auszeichnungen und Literaturpreise u.a. Superpremio Cultura Lombarda vom Centro Europeo di Cultura Rom (I) 2001, den Grand Prix Européen de Poésie von CEPAL Thionville (F) 2005, Goethepreis 2013, Trophäe Mörike 2015, zuletzt Wilhelm-Busch-Preis 2017.

Pressesplitter

„Vera Hewener versteht es meisterlich, Fiktion und Realität miteinander zu verknüpfen... Sprachspielereien, Verwechslungskomödien, auch mit Wiener Schmäh... gewinnen der Adventszeit ganz besondere Momente ab". Buchtipp DieWoch 11.10.17

„Da spricht eine tiefe religiöse innere Stimme mit neuen, anrührenden Sprachbildern über die Weihnachtsgeschichte." Buchtipp DieWoch 10.11.18

Tannen, Lobgesang, Weihnachtsklang

Gedichte, Geschichten, Liedtexte und Bühnenstücke
zur Advents- und Weihnachtszeit

Vera Hewener

Edition Calamus

Deutsche Bibliothek verzeichnet diese Publikation in der Deutschen Nationalbibliografie; detaillierte bibliografische Daten sind im Internet unter www.http://dnb.dnb.de abrufbar.

Titelbild und Illustrationen: © Vera Hewener
Herstellung und Verlag:
BoD - Books on Demand
In de Tarpen 42
D- 22848 Norderstedt

Printed in Germany
2. Ausgabe 2020
ISBN 9783750400030
8,50 EURO

Inhaltsverzeichnis

5

Der Engel des Herrn

Siehe den Engel, hochheilige Kraft,
Wille des Himmels aus Licht,
Gottes Erfüller, Verkünder mit Macht,
durch alle Dunkelheit bricht.

Öffnet das Sternentor,
taucht aus dem Nichts hervor,
Lilien in seiner Hand,

kniet vor Maria hin,
Gottes Gebot im Sinn,
kommt aus dem ewigen Land.

Mirjam, die Tochter, untadlige Frau,
unbefleckt ihre Geburt,
Gottes Erkor'ne, empfangende Magd,
fand ihren Weg vorgespurt.

Freut mit Elisabeth
sich an dem Wochenbett,
ihr Sohn wird taufen den Sohn.

Gabriel grüßte sie:
„Segen dir, heil'ge Marie,
Gott schickt mich vom höchsten Thron."

Maria voll Ehrfurcht sank auf die Bank,
wusste nicht, wie ihr geschah.
Gottes Verkünder im Lichtschein und Glanz
sprach weiter, als sie aufsah.

„Er hat dich auserwählt,
nur deine Reinheit zählt,

7

du sollst die Mutter ihm sein.

Sein Geist kommt über dich,
Gnade dir ewiglich,
du trägst die Pflicht ganz allein."

Mirjam erkannte die heilige Gnad,
ihr wurd' ein Wunder zuteil.
Mutter des Kindes vom Vater, dem Herrn,
soll bringen den Menschen das Heil.

Neigte voll Demut sich,
sprach: „Siehe, inniglich
bin ich die Magd meines Herrn.

Mir geschieht, wie er's gewollt,
dies ist, was ich ihm gesollt,
diesen Weg gehe ich gern."

Und auf Maria ein Schein fiel herab,
heller als jemals vorher.
Engelwind füllte die Kammer mit Huld,
aufschwang das himmlische Heer.

Advent

Gibt es Schutzengel? Die himmlischen Heerscharen, Fürstentümer und Gewalten? Ist die von Menschen erdachte Engelordnung tatsächlich vorhanden? Wie kann man das wissen? Stellt man sich diese Fragen, könnte man auch an der Weihnachtsgeschichte zweifeln.

Ein Mensch gewordener Gott, empfangen vom Heiligen Geist, geboren von der Jungfrau Maria? Mit menschlichem Verstand nicht zu begreifen, mit wissenschaftlichen Methoden nicht zu beweisen. Nein, auch wenn die Existenz Jesus von Nazareth inzwischen historisch belegt ist, kann die Auferstehung nach dem Tod nicht bewiesen werden. Ein Paradies, ein Himmelreich, die Ewigkeit nach dem Tod?

An manchen Tagen lässt mich mein Glaube arg straucheln. Die Schöpfungsgeschichte eine Erfindung? Die unterschiedlichen Auslegungen der Bibel und die Folgen ein Ausdruck dichterischer Freiheit?

Die Menschheitsgeschichte ist voll mit Hass und Krieg. Haben die Religionsgemeinschaften dies zu verantworten? Bis in die Gegenwart hinein wird Gott dazu missbraucht, Gewalt zu rechtfertigen.

Kann Gott gewollt haben, dass die Menschheit sich in seinem Namen bis zum eigenen Untergang und dem der Erde gegenseitig bekämpft und bekriegt? Das jüngste Gericht als alles zerstörenden Atomkrieg?

Gegenwärtig drohen menschengemachte Katastrophen und scheinen kaum noch umkehrbar zu sein. Zwischen Himmel und Erde gibt es so viele Dinge, die bis heute niemand ergründen und erklären kann. Trotz Mondlandung und Raumfahrt. Wie entstand der Urknall? Diese Frage bleibt ungelöst!

Ich hätte auch fragen können, was ist Liebe? Wie kann dieses Gefühl erklärt werden? Ein Ablauf biochemischer

Reaktionen? Ja, das sicher auch. Was aber löst das Gefühl aus? Die Zuneigung, die Sehnsucht, das Bangen und Hoffen. Wie entsteht Liebe? Kann man Liebe lernen? Freud & Co. hätten sicher eine wahre Freude an meinen Fragen gehabt. Die Psychologie ist voll von Erklärungsmodellen unserer Empfindungen.

Aber auch hier fehlt der kausale Entwurf. Erklär mir Liebe, fragen daher viele Poeten heute noch. Liebe empfinden und weitergeben – eine Botschaft des Jesus von Nazareth. Nächstenliebe, alle Menschen werden Brüder und Schwestern – kann es etwas Schöneres geben? „Was du dem Geringsten meiner Brüder tust, das hast du mir getan." (Matthäus 24:50)

Die Familie als Zusammenschluss von Menschen, als ein atmender, sich stets in Bewegung befindender Beziehungsprozess. Gegenseitiges Umsorgen, Unterstützen, Helfen ohne Anrechnung von Kosten, Verlusten, Verzicht oder ...?

Vielleicht ist es ein Wunder, heute noch an das Wunder der frohen Botschaft zu glauben, vielleicht ist ja gerade dies der Beleg für die Schöpfungsgeschichte. Vielleicht ist gerade die Suche nach wissenschaftlichen Erklärungen die Entsprechung der Versuchung, vom Baum der Erkenntnis essen zu wollen?

Das Unrecht, das Menschen anderen Menschen zufügen, ist nicht Gott gewollt. Alle abrahamitischen Religionen schaffen grundlegende soziale Ordnungen, stiften Sinn.

Viele staatliche Verfassungen lassen an vielen Stellen die Bibel, den Talmud oder den Koran erkennen oder liegen ihnen zugrunde. Und doch gibt es keinen Frieden. Was also kann die Weihnachtsbotschaft heute bedeuten in all dem Kommerz, der sich inzwischen jenseits traditioneller Bräuche drum herum entwickelt hat? Kann es darauf eine einfache Antwort geben?

Religiös kann man Advent je nach Fragestellung so übersetzen:

historisch betrachtet:

A ndacht
D reieinigkeit
V erkündigung durch den
E rzengel Gabriel
N acht der
T heophanie

oder exegetisch:

A nkunft
D es Sohnes gezeugt vom
V ater
E inheit im Wesen
N uminosum
T rinitäre Theophanie

oder marianisch:

A userkorene
D emütige
V erheißene
E mpfangende
N iederkommende
T ochter Zions

Vielleicht ist folgende Erklärung die einfachere Antwort: Wir warten auf die Geburt eines Kindes. Für Christen ist es der Sohn Gottes, der das Heil in die Welt bringt und uns unsere Schuld vergibt, der Ausgangspunkt für die Überzeugung an eine jenseitige Existenz, das Leben nach dem Tod. Denn es steht geschrieben:

> „Mein Reich ist nicht von dieser Welt." (Johannes 18:36)

> „Denn uns ist ein Kind geboren, ein Sohn ist uns gegeben, und die Herrschaft ist auf seiner Schulter; er heißt Wunderbar, Rat, Held, Ewig-Vater, Friedefürst." (Jesaja 9:6,7)

> „Aber du, Tochter Zion, freue dich sehr, und du, Tochter Jerusalem, jauchze! Siehe, dein König kommt zu dir, ein Gerechter und ein Helfer, arm, und reitet auf einem Esel und auf einem jungen Füllen der Eselin." (Sacharja 9:9)

Vielleicht ist das Bewahren des Glaubens das wahre Wunder der Weihnachtsgeschichte, unabhängig von den historischen und gegenwärtigen Verfehlungen der handelnden Menschen der Kirchen und Religionsgemeinschaften. Denn es steht auch geschrieben:

> „Wahrlich ich sage dir: In dieser Nacht, ehe der Hahn kräht, wirst du mich dreimal verleugnen." (Matthäus 26:34)

Die Hirten aus dem heiligen Land

Die Hirten aus dem heiligen Land
ein Chor lobsingender Engel verband.
Die Schafe, die Hunde, die Wache bei Nacht,
die Dunkelheit, von den Sternen entfacht,
ließ alle erzittern beim Klang der Schalmei,
sie bebten dabei.

Sie sahen hinauf zu den Himmelswesen,
sie konnten nicht schreiben, sie konnten nicht lesen.
Aus der Karte des Himmels, den Bildern der Sterne,
deuteten sie ihren Weg durch die Ferne.
Sie standen auf und folgten dem Licht,
mehr wussten sie nicht.

Heut hüten die Hirten satellitengestützt,
am Arm die Navigationsuhr genützt,
die Sternenschauer und Meteoriten
sind alle erforscht, es gibt keine Mythen.
Nur Engel sangen noch nie für sie,
vorbei die Magie.

Sie spekulieren mit Aktien und Zinsen,
im Auge die Gewinnmaximierungslinsen,
sie beten zu den Weltwirtschaftsgöttern,
konferieren per Video mit all ihren Vettern
und wetten auf Hungersnot, Ängste und Krieg.
Das ist ihr Sieg.

Und würden heute in finsterer Nacht
von einem Engelchor Sterne entfacht,
so wäre das Klimaveränderung
und nicht Mariens Verkündigung.
Wir wissen so viel und doch so wenig
von Christus König.

Wenn wir jede Nacht an das Christuskind dächten

Wer denkt im Juli schon an den Advent,
wenn im Schein der Sonne die Haut verbrennt,
wenn im Abendlicht flötet Vogelgesang,
wenn die Herzen lockt der Himmelsklang?

Wer will im Sommer schon Schnee und Eis,
wenn die Luft so schwül, der Himmel heiß,
wenn der Schweiß aus den Poren nur so trieft,
bis Mondnacht spät die Sterne hievt?

Wer hat im Sonnenschein Leid gehört,
wenn der Waffennarr seine Unschuld beschwört,
wenn in Kriegen so viele Kinder getötet,
dass Häuser und Straßen vom Blut gerötet?

Wer denkt im Juli schon an den Advent,
wenn der Krieg die Städte und Dörfer verbrennt,
wenn der Schrei Verfolgter durch Wälder schallt
und in den Nachrichten widerhallt?

Wir haben nur im Dezember Advent,
wenn Kerze um Kerze am Kranze abbrennt,
wenn wir bitten um Frieden in aller Welt,
wenn das kleine Christuskind Einzug hält,

wenn wir hoffen auf Gottes Barmherzigkeit,
den Frieden der Seelen, Gerechtigkeit,
wenn in stiller Nacht Waffenruhe ist,
selbst die Feinde hoffen auf Jesu Christ.

Ach, hätten wir jeden Tag stille Nacht,
hätt die Waffenruhe den Krieg umgebracht,

der Aktienkurs wäre eingebrochen,
der Waffennarr käm' zu Kreuze gekrochen,
hätte alles verloren in diesen Nächten,
wenn wir jede Nacht an das Christuskind dächten.

Die gute Tat

„Mariechen", rief meine Mutter, „zieh dich warm an. Wir wollen auf den Friedhof gehen."

„Ja, Mama." Ich nahm den Mantel, zog ihn an, schlug den Schal um den Hals, stülpte die Mütze über den Kopf und suchte nach meinem Muff.

„Mama, wo ist denn mein Muff? Ich kann ihn nicht finden?" fragte ich.

„Mariechen, er liegt da, wo du ihn zuletzt ausgezogen hast."

Ich durchwühlte den Garderobenständer.

„Er ist aber nicht da, Mama", sagte ich verzweifelnd.

„Ich komme schon", sagte sie und eilte aus dem Wohnzimmer, Karlchen im Schlepptau.

„Ja, nanu, wo kann der Muff hingekommen sein? Hast du ihn auch wieder ordentlich weggeräumt, als du gestern nach Haus gekommen bist."

„Ja, habe ich", meinte ich etwas verunsichert.

„Dann wär er doch hier. Mariechen, du weißt, man muss die Wahrheit sagen. Hast du ihn wirklich wieder hierhin zurückgelegt?"

Hm, dachte ich, wo hätte ich ihn denn sonst hingelegt haben können. „Ja", sagte ich, „ganz bestimmt."

„Mariechen hat den Muff verloren", sang Karlchen und machte sich darüber lustig.

„Gar nicht. Ich hab ihn wieder hier hingelegt, ganz bestimmt", behauptete ich nun, obwohl ich mir plötzlich nicht mehr sicher war.

„Ja wer kann ihn denn genommen haben", fragte Mutter in die Runde.

„Gib es schon zu", rief ich in Richtung Karlchens, „du hast ihn versteckt, um mich zu ärgern."

„Mariechen hat den Muff verloren, trallalala", sang Karlchen wieder.

„Du bist gemein", rief ich jetzt und ging auf Karlchen los.

„Mariechen, was soll denn das jetzt. Wir werden den Muff schon wiederfinden, wenn du ihn weggeräumt hast. Ordnung ist das halbe Leben."

Karlchen kicherte weiter und das machte mich richtig wütend.

„Wenn wir ihn nicht finden, must du eben Handschuhe anziehen", versuchte Mutter, den Geschwisterstreit aufzulösen.

„Dann bist du aber kein feines Mädchen mehr", spottete Karlchen, immer noch laut lachend.

Das machte mich jetzt wirklich zornig. „Sehr wohl bin ich ein feines Mädchen", rief ich aus.

„Feine Mädchen ziehen aber keine Handschuhe an, die tragen alle nur einen Muff", hänselte Karlchen weiter.

„Werdet ihr jetzt wohl aufhören! Karlchen, wo sind deine Handschuhe, die sind auch nicht zu finden", ermahnte uns Mama.

„Na, in der Schublade", muffelte Karlchen jetzt, „ich habe Ordnung, obwohl ich kein Mädchen bin."

„So, meinst du. Deine Handschuhe sind aber auch verschwunden. Dann müsst ihr beiden die verwaschenen Handschuhe anziehen", grollte Mama jetzt, „da muss ich also mit zwei ungezogenen Kindern mit alten Sachen zum Friedhof laufen, weil ihr beiden keine Ordnung halten könnt."

Jetzt verstummte Karlchen und machte ein Gesicht, als hätte man ihn beim Schummeln erwischt.

„Auf geht's. Verschieben können wir das nicht. Die Gräber brauchen neue Kerzen, damit Uroma Julchen und Uropa Karl es gemütlich im Grab haben. Morgen ist Nikolaustag."

So machten wir uns also auf den Weg, liefen an der alten Schule vorbei, die Anhöhe hinauf und bogen in den Friedhof ein. Mutter räumte die zerknitterten Blätter beiseite, schnitt das Gesträuch zurück und stellte neue Kerzen in die Laternen.

„Das wird Julchen und Karl bestimmt gefallen", murmelte Mutter vor sich hin. Sie war so sehr mit der Grabpflege beschäftigt, dass sie nicht bemerkte, dass am Ende der Reihe ein kleines Mädchen stand und fror. Sie trug nur einen dünnen Mantel, hatte weder Mütze, Schal, noch Handschuhe dabei. Ich lief zu ihr und sagte: „Du musst aber kalt haben ohne Handschuhe. Warum hast du keine warmen Sachen an?"

„Mama konnte mir keine kaufen. Das Geld brauchen wir für das Weihnachtsessen", sagte das Mädchen ganz leis.

„Dann nimm doch meine. Ich hab noch einen Muff. Den finde ich ganz bestimmt wieder", flüsterte ich und gab ihr meine Handschuhe.

Karlchen kam mir nachgeeilt. „Du kannst auch meinen Schal haben", folgte Karlchen meinem Beispiel.

Verschämt nahm das unbekannte Kind die Sachen und lief davon. Damit Mutter nichts merkte, steckte ich meine Hände in die Manteltaschen und Karlchen schlug den Kragen hoch.

Als wir wieder zu Hause waren, suchten wir zwar verstohlen, nun aber gemeinsam, nach den fehlenden Kleidungsstücken, konnten sie aber nicht finden. Wenn Mutter auffiel, dass die Ersatzhandschuhe und der Schal nun auch noch fehlten, würde sie sicher böse werden. Wir verloren kein Wort darüber und gingen früh ins Bett. Am nächsten Morgen waren wir wieder ein Herz und eine Seele.

„Ob der Nikolaus uns etwas gebracht hat?" fragte ich Karlchen.

„Lass uns nach unten gehen", sagte Karlchen voll Vorfreude.

„Kinder", rief Mama, „seht mal, der Nikolaus war da."

Ich traute meinen Augen nicht. Der Muff war wieder da. Tatsächlich!

„Mein Muff ist wieder da" rief ich voller Freude.

„Meine Handschuhe auch", lachte Karlchen.

Vater zwinkerte Mutter bedeutungsvoll an. Das taten sie immer, wenn sie etwas vor uns verheimlichen wollten.

„Da hat wohl der heilige Nikolaus eure Sachen versteckt und gefüllt", meinte Mama.

Als wir den Muff und die Handschuhe leerten, war der halbe Tisch voll mit süßen Naschereien. Es wollte gar kein Ende nehmen.

„Da hat es aber jemand wirklich gut mit euch gemeint", sagte Vater, „der heilige Nikolaus hat sicher aufgeschrieben, was ihr Gutes getan habt. Die Rute jedenfalls hat er nicht hier gelassen."

Karlchen und ich sahen uns beschämt und reuevoll an und ich sagte: „Mama, wir müssen dir etwas beichten, die vielen Sachen haben wir nicht verdient. Gestern auf dem Friedhof stand da ein kleines Mädchen im dünnen Mantel ohne Schal und Handschuhe und hat so schrecklich gefroren. Da haben wir ihm unsere Sachen gegeben. Wirst du jetzt mit uns schimpfen?"

Mutter lächelte und nahm uns in die Arme. „Wie kommt ihr denn darauf? Wenn man genug hat und das Überflüssige jemandem gibt, dem es daran mangelt, hat man eine gute Tat getan. Das hat der Nikolaus sicher gesehen und ins goldene Buch geschrieben. Und wie ihr seht, kommt alles Gute, das man tut, auch wieder zu einem zurück."

Weihnachtsdorf in Püttlingen

Der Morgen bricht an, es glitzert im Tannenbaum,
Kinder sich freu'n, die Welt ist ein Wintertraum.
Alles steht auf, weilt am Fenster und staunt.
Hell wird es draußen, der Wind bläst und raunt.

Das Haus wird geputzt und weihnachtlich dekoriert.
Kinder im Schnee toben, selbst der Schneemann friert.
Warm verpackt alle zum Weihnachtsdorf geh'n,
Schaufenster locken, sie bleiben dort steh'n.

Glockenklang, Lobgesang,
Weihnachten in allen Straßen.
Seht das Licht, Himmelssohn
herabstieg vom himmlischen Thron.

Die Straßen und Gassen sind festlich in rot geschmückt.
Alle sind freundlich und lächeln froh wieder zurück.
Glockengeläut in die Markthütten dringt,
spielende Bläser, der Nikolaus winkt.

Die Kutsche voll Kinder, auf Eis holpert sie herum,
schnaubende Pferde, die Glätte macht Wege krumm.
Glöckchen erklingen im knirschenden Schnee,
Chöre lobsingen, sie wärmt heißer Tee.

Glockenklang, Lobgesang,
Weihnachten in allen Straßen.
Seht das Licht, Himmelssohn
herabstieg vom himmlischen Thron.

Der Abend bricht an. Es funkeln die Sterne schon
und voller Mond sitzt auf dem Himmelsthron.
Kinder am Fenster steh'n, schauen hinauf,
sehen das Glitzerlicht, den Sternenlauf.

Ob auch das Rentier wirklich vorüber fliegt.
Wünsche sind groß, Hoffnung die Träume wiegt.
Eltern noch flüstern, sie löschen das Licht,
im Schlaf hören Kinder, was Christkind verspricht.

Glockenklang, Lobgesang,
Weihnachten in allen Straßen.
Seht das Licht, Himmelssohn
herabstieg vom himmlischen Thron.

Schlaflied

Silberglöckchen, Silberglöckchen
klingt so hell und rein,
gold'ne Löckchen, gold'ne Löckchen
hat's Christkindelein.

Schlaf mein Kleiner, schlaf mein Kleiner,
singt das Mütterlein
träum mein Einer, träum mein Einer,
wirst im Himmel ein.

Winterweinfest

Im weißen Samt der Bäume
glitzert ein Winterlicht,
auf Büschen wachsen Schäume,
schimmert das Schneegesicht.

Die Vögel schlürfen fröhlich
flockiges, weiches Nass,
der Schnee macht alle selig,
birgt hier ein volles Fass.

Hier trinken alle Gäste
Winterwein im Wald.
Komm her, zieh an die Weste,
dann ist es nicht so kalt.

Nachtwache

Wenn die Silbernetze fallen
und die Nadeln schreiben Lieder,
Flockenherden Winde wallen,
lassen sich auf Dächern nieder.

Ist die Welt in Weiß gerundet,
schwankt der Mond schon sichelkrumm.
Rehen, Hirschen, Füchsen mundet
letzter Beerenlese Rum.

Ach, wie möcht ich selber ziehen
durch die Nacht im Sternenschiff.
Flügel mir die Engel liehen,
lenkten mich durchs Wolkenriff.

Steh verwundert vor dem Fenster,
schau hinauf in stiller Nacht.
Himmelweite Lichtgespenster
halten Christkinds ferne Wacht.

Winterbilder

Ich male mir den Winter an,
ein grauer Strich mit Pünktchen dran,
ein weißes Feld, Licht dicht an dicht,
mehr sieht man nicht.

Ich male mir den Winter an,
ein schwarzer Strich mit Hüttchen dran,
ein blaues Feld, Sterne von fern,
ob ich's noch lern?

Ich male mir den Winter an,
ein gelber Strich mit Krippchen dran,
ein helles Feld, Christkindchen klein,
das könnt es sein.

Ich male mir den Winter an,
ein grüner Strich mit Kerzen dran
Schafe im Feld, ein Engelchor,
Hirten davor.

Ich male mir den Winter an,
den Tannenbaum mit Glöckchen dran,
Kerzen, Familien, Kinderschar,
ob's vorher etwa schöner war?

Oh Tannenbaum, oh Tannenbaum

Oh Tannenbaum, oh Tannenbaum,
schenk mir den schönsten Wintertraum,
die Nadeln spitz, streck sie hinauf,
setz dir die weißen Flocken auf,
läute die Zapfen, Eisgesang
klirrend durch all die Kälte drang.

Die stille Nacht voll Herrlichkeit
für uns ein Wunder hält bereit.
Drum schmücken wir dich heilig fein,
sollst unser Weihnachtsbäumchen sein.

Skizirkus in Sankt Moritz

In der Notrufzentrale sitzt Wachtmeister Meyer, einen Schal um den Hals, eine blinkende Mütze auf dem Kopf, ein Adventskranz steht auf dem Schreibtisch. Er blättert in einer Zeitung. Es klingelt.

Wachtmeister Meyer: „Hallo, hier spricht Wachtmeister Meyer. Was kann ich für Sie tun?"

Anruferin aufgeregt: „Ich möchte einen Unfall melden."

Wachtmeister Meyer: „Was für einen Unfall?"

Anruferin: „Mein Mann ist mit dem Schlitten falsch abgebogen und hat sich um einen Tannenbaum gewickelt."

Wachtmeister Meyer: „Um einen Tannenbaum gewickelt? Wie geht denn so etwas?"

Anruferin: „Der Schlitten hat ihn abgeworfen, er rutschte den Abhang hinunter und konnte sich mit den Armen gerade noch an einem Tannenbaum festhalten."

Wachtmeister Meyer: „Ach so, ein Wintersportunfall. Da müssen Sie die Bergwacht rufen. Dafür sind wir nicht zuständig."

Anruferin: „Wie nicht zuständig? Auf dem Skipass steht aber für den Notfall ihre Nummer drauf."

Wachtmeister Meyer: „Richtig, im Notfall. Ihr Mann ist aber nicht Ski gefahren, sondern auf einem Schlitten den Berg herunter gerutscht. Dafür sind wir nicht zuständig."

Anruferin wird hysterisch: „Was, nicht zuständig? Mein Mann kann jeden Moment vom Tannenbaum fallen. Er braucht dringend Hilfe."

Wachtmeister Meyer: „Wenn Sie gegen die Fisregeln verstoßen, ist nicht die Notrufzentrale zuständig, sondern die Bergpolizei."

Anruferin ungläubig: „Jetzt hören Sie mal, mein Mann schwebt in Lebensgefahr an einem Tannenbaum am Abhang und Sie sagen, ich soll die Bergpolizei rufen. Sind Sie noch zu retten?"

Wachtmeister Meyer: „Mich braucht man nicht zu retten, weil ich auf einer Skipiste keinen Schlitten fahre."

Anruferin aufbrausend: „Fisregeln hin, Fisregeln her. Wenn Sie nicht kommen, rufe ich bei der Presse an und sage denen, dass Sie sich weigern, Touristen zu retten."

Wachtmeister Meyer: „Und wer rettet uns vor solchen Touristen wie Ihnen. Die Notrufzentrale ist nur für Skifahrer zuständig. Sonst würde es Schlittenpass heißen und nicht Skipass."

Anruferin empört: „Das ist doch ganz egal wie das heißt. Wenn er Snowboard gefahren wäre, würden Sie dann auch nicht kommen?"

Wachtmeister Meyer: „Ein Snowboard ist auch ein Brett. Snowboarder sind einbeinige Skifahrer."

Anruferin bestimmend: „Und Schlittenfahrer sind vierbeinige Skifahrer. Der Schlitten ist schließlich auch aus Holz."

Wachtmeister Meyer: „Aber die Abfahrtspisten sind für Schlitten nicht geeignet. Das ist verboten. Schauen Sie mal in der Pistenbeschreibung nach, ob da ein Schlitten aufgemalt ist."

Anruferin verzweifelt: „Wo soll ich denn jetzt eine Pistenbeschreibung herbekommen?"

Wachtmeister Meyer: „Ich hab doch gesagt, dass Sie die Bergwacht anrufen sollen. Die können Ihnen genau sagen, was auf der Piste erlaubt ist."

Anruferin verärgert: „Kommen die auch, um zu helfen oder sind die wie Sie dazu da, harmlose Touristen zu erschrecken?"

Wachtmeister Meyer: „Ich muss doch sehr bitten. Ich kann doch nichts dafür, dass ihr Mann so unerschrocken ist, eine Abfahrt mit dem Schlitten hinunter zu fahren. Also rufen Sie jetzt die Bergwacht an oder nicht?"

Anruferin flehend: „Mein Mann hat bald keine Kraft mehr."

Wachtmeister Meyer: „Jetzt müssen Sie sich aber mal entscheiden. Wollen Sie, dass Ihr Mann gerettet wird und die Bergwacht anrufen oder mit mir über die Fisregeln diskutieren?"

Anruferin aufgebracht: „Sie haben doch mit den Fisregeln angefangen. Wer denkt in so einer Situation schon an die Fisregeln, wo die doch ohnehin niemand beachtet."

Wachtmeister Meyer: „Wollen Sie damit sagen, dass Sie sich weigern, die vorgegebenen Bestimmungen einzuhalten? Im Straßenverkehr können Sie auch nicht einfach hin und herfahren, wie Sie wollen."

Anruferin: „Genau, die Regeln sind mir ganz egal. Es geht jetzt nur um die Rettung meines Mannes."

Wachtmeister Meyer: „Warum sagen Sie nicht gleich, dass Sie sich wegen Verstoßes gegen die Verhaltensregeln des internationalen Skiverbandes anzeigen möchten. Dann kann ich jetzt die Bergwacht und die Bergpolizei informieren. Die kommen sofort mit einem Hubschrauber. Also, wo befindet sich denn Ihr Mann?"

Anruferin: „Auf dem Übungsgelände der Skischule in Sankt Moritz."

Wachtmeister Meyer: „Übungsgelände? Ich denke, es geht um eine Skipiste?"

Anruferin: „Geht es ja auch, die Skipiste des Übungsgeländes an der Via Salastrains."

Wachtmeister Meyer: „Aber da gibt es gar keine Abhänge."

Anruferin: „Doch, der Hügel an der Rodelbahn."

Wachtmeister Meyer: „Aber das ist der Kinderskizirkus!"

Anruferin: „Genau. Und da ist mein Mann an der Rodelbahn falsch abgebogen und auf die Piste gekommen, wo der Tannenbaum steht."

Wachtmeister Meyer: „Sagen Sie mal, deshalb soll jetzt die Rettung kommen, um auf einem Übungshügel jemand vom Tannenbaum abzuseilen, wo doch jedes Kind von diesem Tannenbaum herunterspringen kann?"

Anruferin: „Ja, weil ich mit meinem Mann gewettet habe, dass ich schneller einen Hubschrauber organisieren kann als er vom Tannenbaum herunter geklettert ist."

Wachtmeister Meyer: „So, so. Und was war der Einsatz?"

Anruferin: „Eine kostenlose Rundfahrt mit dem Rettungshubschrauber über Sankt Moritz."

Über dem Flusslauf

schwirren die Wasservögel
die Eishaut zittert

Schneeflocken fallen

in den Höhen flüstert Wind
Christrosen blühen

Aus Silberwolle

gestrickt Eiskleid der Tannen
trägt Kälterosen

Deutscher Text zur Melodie „Do szopy, hej pasterze" Musik und Text: Polnische Volksweise, Anfang 20. Jhd., Verf. unbek.

In den Stall Hirten eilet

In den Stall Hirten eilen,
seht ein Wunder geschah.
Gottes Sohn will verweilen,
Erlösung ist ganz nah.

Engel ihm jubilieren,
Hirten spielen den Lobpreis,
beugt euch vor Gott, dem König,
weckt ihn nicht auf, seid leis.

In den Stall Hirten eilen,
trauen jenem Engelwort.
Himmels Herr wird uns heilen,
nimmt die Schuld uns fort.

Engel ihm jubilieren,
Hirten spielen den Lobpreis,
beugt euch vor Gott, dem König,
weckt ihn nicht auf, seid leis.

Gottes Licht unaufhörlich
sich uns selbst verschenkt,
ist der Weg auch beschwerlich,
Glanz die Schritte lenkt.

Engel ihm jubilieren,
Hirten spielen den Lobpreis,
beugt euch vor Gott, dem König,
weckt ihn nicht auf, seid leis.

Liebster Gott, wir begreifen,
nichts ist wie die Liebe schön,
Segen lasse um uns schweifen,
Thrones Dienst aus Höh'n.

Engel ihm jubilieren,
Hirten spielen den Lobpreis,
beugt euch vor Gott, dem König,
weckt ihn nicht auf, seid leis.

Auf die Knie lasst uns fallen,
ehren Gott, den güt'gen Herrn,
hoch im Himmel wird es schallen,
Liebe Schuld hält fern.

Winterduft

Ein Winterduft, ein Winterduft,
Tannenharz haucht durch die Luft
und kündet, bald schon kommt die Zeit
der Herrlichkeit.

Ein Glockenklang, ein Glockenklang,
vom Himmel tönt der Engelsang
und bringt die Kund, vom Himmelsthron
kam Gottes Sohn.

Ein Kindertraum, ein Kindertraum,
hängt Glocken auf am Tannenbaum
und Jahr um Jahr freu ich mich wieder,
sing Weihnachtslieder.

Adventsmarkt

Lichtergewirr
Pferdegeschirr
Handwerkers Kunst
Markthüttendunst
Kochwohlgerüche
Heimatortsküche
Bienenwachskerzen
Glaskugelherzen
Glockengeläut
Vorweihnachtsfreud
Schmucktannenbäume
Kinderzeitträume

Das kleine Tännlein

Im Wald stöberten die Arbeiter. Es hackte und knackte, Motorsägen heulten auf. Wenn die Stämme zu Boden fielen, schallte und donnerte es wie bei einem Meteoriteneinschlag. Die schönsten Tannen für den Christbaumverkauf sammelten sich Stück für Stück am Waldrand und wurden nacheinander in den Anhänger des Lastwagens verfrachtet. Durch das Waldstück zog sich bereits eine große Schneise, als die Christbaumfäller beschlossen, dass die Anzahl der aufgeladenen Tannen für den diesjährigen Weihnachtsbaumverkauf wohl ausreichen würde. Sie stellten die Arbeit ein und fuhren davon.

Die kleinste Tanne aber blieb zurück und stand nun allein inmitten des halb gerodeten Waldstückes, streckte die jungen Zweige aus und fühlte sich verlassen.

„Ich bin für nichts gut", klagte sie, „ich bin zu klein, um als Weihnachtsbaum leuchten zu dürfen und zu dünn, um der kalten Witterung standhalten zu können. So werde ich nie ein großer Tannenbaum werden."

Jetzt begann es auch noch zu schneien. Das Tännlein fror und zitterte, niemand konnte ihm gegen den rauen Wind Schutz bieten. Der Schnee wuchs, türmte sich auf und bald sah das Tännlein wie ein Schneemann aus.

Plötzlich flitzte ein Eichhörnchen unter die Schneezweige und vergrub seine Beute. Dann wuselte es im Schnee. Eine Waldmaus kam angeschlichen, sprang auf einen Zweig und dann auf den Boden. Kurz darauf flog eine Tannenmeise heran, ließ sich auf der Tannenspitze nieder und begann zu singen. Zu guter Letzt kam eine Rehfamilie aus dem Gehölz getrabt und umlagerte das Bäumchen, so dass der Wind nicht mehr ganz so arg durch die Nadeln fauchte.

Die Tannenmeise hüpfte hin und her und naschte vom Schnee. Das Tännlein war kitzlig und musste lachen. Dabei verschütteten die Zweige den überhängenden Schnee und bildeten eine kleine Schneemauer am Boden. Das war dem Eichhörnchen und der Waldmaus gerade recht.

„Danke für den Schutz", räusperte sich das Pelztier, „jetzt kann ich hier meine Winterruhe halten."

Die Waldmaus piepste: „Gut, gut, für mich reicht die Höhle unter deinen Zweigen aus. Hier findet mich so schnell kein Fuchs."

Es hörte auf zu schneien, die Rehe sprangen vergnügt um die Tanne und spielten im Schnee. Das Tannenmeislein pfiff unterbrochen und wenn man genau hinhörte, klang es fast wie das Lied „Oh Tannenbaum".

„Ah", freute sich die kleine Tanne, „ich habe doch eine Aufgabe. Wenn ich auch noch zu klein für das Weihnachtfest bin, für die Waldtiere bin ich groß genug. Danke lieber Schnee, dass du mir das zugetraut hast, danke liebe Tiere, dass ihr euch bei mir eingenistet habt. Nun weiß ich, dass es niemand auf der Welt gibt, für den das Leben keine Aufgabe hat."

Der Schnee glitzerte und funkelte. In diesem Winter fiel er ununterbrochen vom Himmel, damit das Tännlein seiner Aufgabe gerecht werden konnte. Die kleine Gemeinschaft der Waldtiere rückte enger zusammen. So hatte jeder mehr Schutz vor der Witterung und war nicht allein. Das Tännlein indes wuchs zu einer stattlichen Größe heran und konnte im Jahr darauf als Weihnachtsbaum von den Menschen geschmückt werden, um zu Ehren der Geburt des kleinen Jesuskindchens zu strahlen und zu leuchten.

Weihnachtsmarkt

Bernkastel-Kues 17.12.2004

Das Graacher Tor scheint niemand aufzuhalten
an steilen Gassen schleift der Schritt der Zeit
sie wächst hinauf und macht die Häuser weit
und spitz Versunknes reift in all den alten

Gewölben was im Schweigen sich erhalten
sich nun in schmalen Gängen unverbleit
ertürmt und aufbricht Gegenwart verleiht
und hingeht auflöst sich im Taggestalten

Ein Inn'res das nicht erblindet sehend
den Grat des Widerscheins aus Mittelalter
am Weihnachtsmarkt Gelebtes schreibt der Psalter

und Altes über Alter am Brunnen stehend
ein Karussell das sich doch nie vollendet
und scheinbar mühelos ein Neues spendet

Deutscher Text zur Melodie „Jingle Bells"
Musik und Originaltext: James Lord Pierpont, 1857

Klinge hell

Pferdeschlitten renn
durch den dichten Schnee,
über Hügel brenn,
vorbei an Hirsch und Reh.
Glöckchen am Geschirr
klingen weit und breit,
ein großer Spaß die Schlittenfahrt,
wir singen, wenn es schneit.

Klinge hell, klinge hell,
klinge durch die Höh!
Oh wie schnell das Pferdchen rennt
durch den dichten Schnee.

Klinge hell, klinge hell,
klinge durch die Höh!
Oh wie hoch das Pferdchen springt
durch den dichten Schnee.

Vor Tagen wünscht ich mir
die Pferdeschlittenfahrt.
Da sagtest du zu mir,
dass ich doch auf dich wart.
Wir standen vor dem Haus,
das Pferdchen wollt nicht mehr,
fand durch das Schneegestöber nicht,
schrie auf, wir standen quer.

Klinge hell, klinge hell,
klinge durch die Höh!
Oh wie schnell das Pferdchen rennt
durch den dichten Schnee.

Klinge hell, klinge hell,
klinge durch die Höh!
Oh wie hoch das Pferdchen springt
durch den dichten Schnee.

Heut hat's wieder geschneit,
drum lieber Schlitten saus
und fahre weiter, weit.
Er stürzt, kippt mich hinaus.
Ein Pferdeschlitten fuhr
mit Herr an mir vorbei.
Er lachte laut, als ich da lag,
ich grub mich wieder frei.

Klinge hell, klinge hell,
klinge durch die Höh!
Oh wie schnell das Pferdchen rennt
durch den dichten Schnee.

Klinge hell, klinge hell,
klinge durch die Höh!
Oh wie hoch das Pferdchen springt
durch den dichten Schnee.

Kueser Plateau

1
Nebel pastellfarben
schwillt
über der Laudatio
der Denkmäler

weißbezuckertes Nadelgehölz
Lichtsprengsel
im Milchglas
der feuchten Kühlung

2
Gemälde
aus zartbesaitetem Pinsel
leicht verwischt
eine Brücke zur Gegenwart
atmet dich

3
Märchenlicht
verklärt das Graubewehrte
im Schilderwald
Sternengleiches
aufgepflanztes Zeitbajonett

Moselfränkische Übertragung des Liedes „Oh Tannenbaum"
Schlesisches Volkslied, 16. Jhd. Originaltext: Ernst Anschütz
1824

Oh Tannenbòòm

Oh Tannenbòòm, oh Tannenbòòm,
it gònz Joa konnscht dau Griin tròòn,
dau strekscht de Nòòdeln, machscht deich weit
un waatscht druff, dat it endlich schneit.
Oh Tannenbòòm, oh Tannenbòòm,
it gonz Joa konnscht dau Griin tròòn.

Oh Tannenbòòm, oh Tannenbòòm,
dau bischt so scheen, dass eich deich mòòn,
eich han meich iwa deich gefreit
un dat nit nua zua Weihnachtszeit.
Oh Tannenbòòm, oh Tannenbòòm,
dau bischt so scheen, dass eich deich mòòn.

Oh Tannenbòòm, oh Tannenbòòm,
dein Nòòdelkläd will mia wat sòòn.
Wat imma dò iss, gift uus Kraft
un Troscht die Hoffnung uus vaschafft.
Oh Tannenbòòm, oh Tannenbòòm,
dein Nòòdelkläd will mia wat sòón.

Die Adventsfeier

Die Oberbürgermeisterin telefoniert: „Die Weberin soll reinkommen."

Frau Weber: „Guten Morgen Frau Oberbürgermeisterin."

Oberbürgermeisterin: „Guten Morgen Weberin. Ist für die Adventsfeier alles vorbereitet?"

Frau Weber: „Ja, die Kerzen sind alle gekauft."

Oberbürgermeisterin: „Wie, welche Kerzen?"

Frau Weber: „Die Kerzen für die Adventsfeier."

Oberbürgermeisterin: „Weberin, wir können nur elektrische Kerzen brennen lassen, Brandschutzbestimmung!"

Frau Weber: „Der Umweltschutz, dachte ich, müsste in diesem Jahr vorgehen. Deshalb wird das Rathaus heute Abend von Kerzen erhellt."

Oberbürgermeisterin: „Weberin, das geht nicht. Das ist gegen die Vorschrift!"

Frau Weber: „Ich halte mich lieber an die Nachschrift: Hier regierte Frau Oberbürgermeisterin mit den hellsten Köpfen."

Oberbürgermeisterin: „Also bitte, Weberin, was soll denn das?"

Frau Weber: „Soll in ihrem Nachruf vielleicht stehen, dass sie Energie verschwendet hätten? Stellen sie sich das mal vor, die Landeshauptstadt als Energiefresserin."

Oberbürgermeisterin: „Sie wissen genau, was uns die Brandschutzauflagen für Ärger machen. Der Umbau der HTW wird deshalb in die Geschichte eingehen."

Frau Weber: „Der Umweltschutz ist in diesem Jahr höher zu bewerten, seitdem das Schwedenkind Greta das Klima vergiftet."

Oberbürgermeisterin: „Die kleine Greta tritt für die Zukunft der Jugend ein."

Frau Weber: „Eben. Deshalb brennen an diesem Abend nur Kerzen. Stellen sie sich vor, Greta wäre hier."

Oberbürgermeisterin: „Das will ich mir nicht vorstellen."

Frau Weber: „Dann stellen sie sich vor, neben ihren Beschäftigten ständen auch deren Kinder."

Oberbürgermeisterin: „Die Adventsfeier ist doch kein heiliger Abend."

Frau Weber: „Seitdem sich die Kosten für den Neubau des Ludwigsparks verdreifacht haben, ist hier nichts mehr heilig."

Oberbürgermeisterin: „Da sehen sie es. Wir müssen uns an die Vorschriften halten, sonst fliegen uns die Brandschutzbestimmungen um die Ohren."

Frau Weber: „Anstatt dessen dann wohl der Haushalt."

Oberbürgermeisterin: „Wieso Haushalt. Der ist doch genehmigt. Der kann uns nicht mehr um die Ohren fliegen."

Frau Weber: „Wenn die Zinseszinsen nicht mehr aufzubringen sind, brennt es nicht nur im Staate Dänemark."

Oberbürgermeisterin: „Wir werden eine Teilentschuldung bekommen. Das hat man mir in Berlin hoch und heilig versprochen."

Frau Weber: „Wenn denen in Berlin das Versprechen so heilig ist wie ihnen die Adventsfeier, geht uns der Strom sicher bald ganz aus."

Oberbürgermeisterin: „Wenn sie unbedingt sparen wollen, werden halt nur vier Adventskerzen brennen, elektrische wohlgemerkt."

Frau Weber: „Bei den vielen Heiligenscheinen wäre eine Festbeleuchtung auch völlig überflüssig."

Oberbürgermeisterin: „Heiligenscheine, wer hat denn hier einen Heiligenschein an?"

Frau Weber: „Alle, die Wasser predigen und Wein trinken."

Oberbürgermeisterin: „Gut, dann ist der Glühwein auch gestrichen. Sonst noch was?"

Frau Weber: „Eine Adventsfeier, bei der nur vier elektrische Adventskerzen brennen und es keinen Glühwein gibt, wird bei den Beschäftigten nicht sonderlich ankommen. Da werden wir wohl unter uns bleiben."

Oberbürgermeisterin: „Was zählt, ist das Angebot, nicht die Anwesenheit der Beschäftigten. So erfüllen wir unsere Arbeitgeberpflicht."

Frau Weber: „Wenn der liebe Gott nur seine Pflicht erfüllt hätte, wäre sein Sohn nicht zur Welt gekommen. Es gäbe gar kein Weihnachtsfest. Die Menschheit würde nicht erlöst werden."

Oberbürgermeisterin: „Also schön, zünden sie Kerzen an, schenken sie Glühwein aus und damit Sie Ruhe geben, bestellen sie auch noch Schnittchen und Weihnachtsstollen. Um den Brandschutzbestimmungen zu genügen, soll die Feuerwehr vorsorglich ein paar Männer im Rathaus postieren und deklarieren sie das Ganze als vorgezogene Brandschutzübung. Dann haben wir diese bereits für das nächste Jahr abgehakt."

Frau Weber: „Schön und gut. Das Problem ist aber, dass die Feuerwehr unterbesetzt ist und wir dafür gar kein Personal haben. Die Zeitarbeiter können wir nur für Noteinsätze aktivieren und die Kollegen mit den befristeten Arbeitsverträgen haben wir alle in den Urlaub geschickt."

Oberbürgermeisterin: „Ist das so? Dann sichern sie den Zeitarbeitern und den anderen Feuerwehrleuten eine feste Anstellung zu. Ist das jetzt genug, Weberin?"

Frau Weber: „Das nenn ich eine umsichtige Politik, Vergnügen und Pflicht miteinander zu verknüpfen und daraus auch noch Kapital schlagen."

Oberbürgermeisterin: „Ich nenne das, zwei Fliegen mit eine Klappe schlagen."

Frau Weber: „Dann können wir also die offenen Stellen der Feuerwehr wieder fest besetzen und die befristeten Arbeitsverträge in feste umwandeln?"

Oberbürgermeisterin: „Ja, in Gottes Namen. Veranlassen Sie alles. Die Genehmigung durch den Stadtrat holen wir in der nächsten Sitzung nach."

Frau Weber: „Mein Gott, die werden sich vielleicht freuen. Und erst deren Kinder und all die kleinen Gretas und Peters in Saarbrücken. Das nenn ich eine tolle Weihnachtsüberraschung. Diese Adventsfeier wird auch in die Geschichte eingehen."

Saarbrücker Christkindlmarkt

Einen Teller Dippelappes!
Haben Sie auch sauren Kappes
oder Hoorische mit Speck?
Lieber Rostwurst, weiß, mit Weck!

Quiche Lorraine zum Grauburgunder
machen einen auch nicht runder.
Heute achten viele Fürsten
dass Besucher niemals dürsten.

In den schmucken Weihnachtshütten
lagern Tassen in den Bütten.
Trotz der Sammler liebsten Freuden
woll'n sie Glühwein nicht vergeuden.

In den schmalen Seitengässchen
steh'n vor Kneipen hohe Fässchen

Stiefelbräu statt Glühweinschwips,
dazu nimm Kartoffelchips.

Vor dem Brunnen unterm Dach
stehen Bläser mannigfach.
Strömen Gäste durch das Tor,
tönt laut der Posaunenchor.

Mandarinen und Lebkuchen
findet man beim Stiefelsuchen
und die Kinder dreh'n noch schnell
eine Runde Karussell.

Kurz vor fünfe und um sieben
schwebt der Weihnachtmann von drüben
mit dem Rentierschlitten los
übern Markt, das ist famos!

Große, kleine Gäste staunen,
unterm Seil Murmeln und Raunen.
Dann gibt es hier in Saarbrücken
auf dem Marktplatz keine Lücken.

Nach den vielen Leckereien
lichten sich die Gästereihen.
spät am Abend fliegen Engel
aus dem Weihnachtskneipen-Sprengel.

Nachts wachen die Ordnungskräfte
ohne all die Weihnachtssäfte.
Bis zum nächsten Marktbesuch
schwört der Gast den Treuespruch.

Ein nobler Herr

Herr Hollischek sitzt am Tisch und liest in der Zeitung. Ehefrau Elisabeth Hollischek kommt herbei geeilt, hat die Post in der Hand.

Frau Hollischek freudig erregt: „Max, Max, stell dir vor, die Lissy kommt nach Wien, um uns zu besuchen."

Herr Hollischek schaut auf: „Die Lissy, na servas, dieses überkandidelte Plappermaul? Wenn die kommt, moch i drei Schichten."

Frau Hollischek stutzt: „Wieso, die Lissy ist wie die Tante Ida und die host doch gern ghobt."

Herr Hollischek erklärt: „Jo, die hott a net ununterbrochen daher gredt."

Frau Hollischek beschwichtigend: „Weist wos, i geh mit der Lissy bummeln, übern Weihnachtsmarkt und dann in a Kaffeehaus."

Herr Hollischek beruhigt: „Dös mochst. Donn hob i a mei Rua."

Frau Hollischek spitzfindig: „Du und dei Rua. Wenns net auf'm Bock sitzt, gehst eh zum Heurigen."

Herr Hollischek regt sich auf: „Wie moanst jetzt dös? I werd doch wohl nach am anstrengenden Tag a Glaserl Wein trinken dürfen."

Frau Hollischek: „Iss scho recht. Um dir dei Rua zu lassen, brauch i aber für den Bummel a Göld."

Herr Hollischek: „A Göld. Na servas." Er greift nach seinem Geldbeutel, nimmt zehn Euro heraus und legt ihn auf den Tisch. „Do host a Göld."

Frau Hollischek verdutzt: „Wie a Göld? Zehn Euro?"

Herr Hollischek: „Dös langt für'n Kaffee mit Schlagobers."

Frau Hollischek: „Für'n Kaffee mit am Schlagobers? Du mochst Scherze. I hob gsogt, dass i mit der Lissy bummeln geh oder willst, dass i mit ihr heimkomm?"

Herr Hollischek: „Na gut, dann halt's Doppelte für a Stickerl Sachertorten." Nimmt einen weiteren Schein aus der Geldbörse und legt ihn auf den Tisch.

Frau Hollischek: „Wos soll i mit zwanzig Euro. Glaubst vielleicht, dass i im Kaufhaus dafür irgendwas kriag?"

Herr Hollischek: „Einen Schal wirst scho dafür kriagen."

Frau Hollischek empört: „Wos, i soll mir einen Schal kaufen? Bist noch gscheit?"

Herr Hollischek: „Nur weil die Lissy kommt, werd i net zum Göldpucker werden."

Frau Hollischek: „Du und a Göldspucker. Des i net loch."

Herr Hollischek: „Wie moanst jetzt dös? A Fiaker verdient a guat's Stickerl Göld. Deswegen muss du's noch long net zum Fenster raus werfen."

Frau Hollischek hänselt: „Wenns meinst. Donn komm i mit der Lissy halt zum Heurigen. Bei deiner Zeche fällt dös net weiter auf."

Herr Hollischek verschreckt: „Dös mochst net. Dann konn i nix mehr trinken."

Frau Hollischek bestimmt: „I geh jedenfalls net mit zwanzig Euro bummeln. Wer an Nerzmantel trägt, brauch auch a Bargöld."

Herr Hollischek: „Jetzt muss i lachen. Der oide Mantel von der Tante Ida iss doch schon ganz abgetragen. Da sieht ma schon's blanke Leder. Am besten, du ziehst ihn net an, sonst blamierst mich noch bei der Lissy."

Frau Hollischek: „Blamieren? I hob aber keinen anderen Mantel als das Erbstück von der Tante Ida."

Herr Hollischek: „Dann kaufst dir holt a neuen."

Frau Hollischek: „Gut, dann geh i mir jetzt an vernünftigen Mantel kaufen. Dös kost aber scho was."

Herr Hollischek grummelt und greift wieder in den Geldbeutel. Er legt dreihundert Euro auf den Tisch:

„Na servas, dös iss a teurer Besuch! So, dös wird ja jetzt wohl ausreichen. Es muss jo ka Nerzmantel net sein."

Frau Hollischek lobt: „Hob i doch gwusst, dass du großzügig sein kannst. Sonst wärst auch kein Fiaker, die san nämlich alle nobel."

Herr Hollischek fühlt ich geschmeichelt: „Iss scho recht. Als Fiaker weiß ma eben, was sich ghört."

Frau Hollischek: „Dank dir schön, mein nobler Herr Fiaker." Sie küsst ihn auf die Wange. „Die zwanzig Euro kannst behalten. Damit im Heurigen an mi denkst und weiter trinkst."

Moselfränkische Übertragung des Liedes „Vom Himmel hoch" Musik und Originaltext: Martin Luther 1535

Vom Himmel hoch dò kumm eich hea

Vom Himmel hoch dò kumm eich hea,
vazeelen auch än naue Mäa,
von dea nau Mäa wääs eich so vill,
dass eich än Littchin singen will.

Auch is än Kindchin haut geboa,
än jung Fraau woa dò auserkoa.
Dat Kindchin is so zaat un dinn,
än riesisch Frääd soll auch dat sinn.

It is da Herrgott, uusa Chrischt,
ea will nit dat in Not dau bischt,
ea will gea uusa Häland sinn,
dat mia frei von all Sinden ginn.

Glöckchen und Kerzen

Im Regal des Supermarktes
standen alle sie voll Stolz,
Glocken, Kerzen und Lametta,
Schaukelpferdchen, rot, aus Holz.

Im Advent kamen die Leute,
kauften unermüdlich ein.
Nur die Kerzen in der Ecke
lagen da, nicht mein, nicht dein.

Heiligmorgen war's geworden,
nur noch goldnes Glöckchen hier
und die Kerzen in der Ecke
für den Kranz von eins bis vier.

Langsam leerten sich die Räume,
ganz zum Schluss wurd' abgesperrt.
Und die Chefin sah durchs Fenster
ins Regal, das nicht geleert.

Nutzlos fühlten sich die Kerzen
in der Packung hinter Glas,
auch das Glöckchen schluchzte leise,
hatten keinen Weihnachtsspaß.

Sollen wir denn gar nicht brennen,
heulten alle Kerzen auf,
und das Glöckchen schlug voll Kummer
seinen kleinen Schlegel auf.

Plötzlich stand da vor dem Fenster
eine alte Frau und staunte,
und die Chefin sah verhohlen
nach der Frau, als leis es raunte:

„Glöckchen mag ich, Kerzen hab ich
keine mehr für meinen Kranz.
Ach ihr lieben Weihnachtgaben
euch hätt ich so gerne ganz."

Da erglühten alle Kerzen,
gold'ner noch das Glöckchen glänzte.
„Ach", bangte die alte Dame,
„ob sie einer mir kredenzte?"

Da schloss auf die Frau des Hauses
das Geschäft, ging hin zum Stand.
„Warten sie", flüstert sie leise,
Kerzen, Glöckchen in der Hand.

Gab sie der alten Frau und sagte:
„Ich hab für sie noch ein Geschenk."
„Oh, das ist aber wirklich gütig,
am Weihnachtsbaum ich an Sie denk."

So brannten alle Kerzen fröhlich,
hellauf 's Glöckchen lieblich klang.
Und war ein wunderheilig Singen,
das durch die weißen Straßen drang.

Weihnachtsmarkt Sankt Wendel

Honigküchlein in das Tüchlein.
Und Ihr Wunsch? Weihnachtspunsch!
Sie hätt gerne diese Kerze,
Honigwachs mit roten Herze.

Zwischen dichtem Marktgedrängel
flirren gold'ne Weihnachtsengel.
Zipfelmützen um die Wette
blinken mit der Lichterkette.

Handwerksstifte in der Schmiede
schütteln große Feuersiebe.
Meister trommeln in der Kammer
Eisen flach mit einem Hammer.

Auf dem warmen Pferdeschlitten
Klaus das Kläuschen hat geritten,
nimmt die Gerte und ruckzuck,
scheu'n die Pferde vor dem Puck.

Wenn die Mönche der Abtei
kommen aus der Sakristei,
Messdiener den Weihrauch schwenken,
dass an Wendelin sie denken.

Und im Dom singt, glühweinschwer,
der Choristen Stimmenheer.
Ach, wie war das wieder wärmend,
rufen die Besucher schwärmend.

Jedes Jahr zur gleichen Zeit
herrscht Besinnungsseligkeit.
Und mit jedem neuen Jahr
werden Weihnachtswünsche wahr.

Dresdner Stollen

Ein Kunde kommt in die Bäckerei.
Verkäuferin: „Guten Tag. Was hätten Sie denn gerne?"

Kunde: „Guten Tag. Ich hätte gerne ein paar Stollen."

Verkäuferin: „Wie Stollen? Fußballschuhe führen wir nicht."

Kunde: „Was denn für Fußballschuhe?"

Verkäuferin: „Das weiß ich doch nicht. Sie wollten doch ein paar Stollen."

Kunde: „Ja, genau, Stollen aus Dresden."

Verkäuferin: „Seit wann hat denn Dresden eigene Stollen? Die hat nicht einmal die alte Hertha."

Kunde: „Ob Ihre alte Dame die hat oder nicht, ist mir egal, ich möchte jedenfalls Stollen aus Dresden."

Verkäuferin: "Wenn die erste Liga keine eigenen hat, gibt es für die zweite erst recht keine."

Kunde: „Aber Stollen aus Dresden sind weltberühmt."

Verkäuferin: „Solange Dresden den Aufstieg nicht schafft, gibt es auch keine Stollen für Dresden."

Kunde: „Jetzt hören Sie mal, befinden wir uns hier in einer Bäckerei oder in einem Fußballladen?"

Verkäuferin: „Sie befinden sich sogar in einer königlichen Hofbäckerei. Wir haben schon für Kaiser Wilhelm gebacken."

Kunde: „Dann werden Sie ja Stollen aus Dresden haben."

Verkäuferin: „Aber ich sage Ihnen doch, dass Dresden keine eigenen Stollen hat. Das wüsste ich. Schließlich bin ich seit Jahrzehnten bei der Hertha."

Kunde: „Ja, wie alt ist denn die alte Hertha?"

Verkäuferin: „Die alte Dame gibt es schon seit 1892."

Kunde: „Wie, die ist erst 127 Jahre alt? Stollen aus Dresden gibt es aber schon seit dem 15. Jahrhundert. Selbst August der Starke, der Kurfürst von Sachsen und König von Polen, hat ihn geliebt."

Verkäuferin: „Ich wusste gar nicht, dass es damals schon eine erste Liga gab."

Kunde: „Stollen aus Dresden sind seit 1560 erste Liga."

Verkäuferin: „Aber heute nicht mehr."

Kunde: „Sie sind wohl nicht auf der Höhe der Zeit. Jedes Jahr wird in Dresden am zweiten Advent sogar ein eigenes Stollenfest gefeiert."

Verkäuferin: „Dann fahren Sie doch zum Stollenfest nach Dresden. Hier jedenfalls gibt es sie nicht."

Kunde: „Ich fahre doch nicht wegen ein paar Stollen bis nach Dresden! Schon gar nicht im Schnee. Dann hätte ich halt gerne einen Herthastollen."

Verkäuferin: „Wir sind doch kein Fußballladen. Wir sind eine Bäckerei. Außerdem gibt es weder für die erste Liga noch für die zweite Liga eigene Stollen."

Kunde: „Ja, aber da liegen doch Stollen in der Auslage."

Verkäuferin: „Das sind Marzipanstollen. Den Kuchen können Sie kaufen."

Kunde: „In Gottes Namen nehme ich eben einen Marzipanstollen, wenn Sie keinen Dresdner Christstollen haben?"

Verkäuferin: „Selbstverständlich haben wir auch Dresdner Christstollen. Wenn Sie einen Christstollen möchten, dann sagen Sie das doch."

Kunde: „Ja, Sie haben doch mit dem Fußball angefangen. Kein Wunder, dass ihr Fußballclub sich die Stollen noch nicht verdient hat."

Verkäuferin: „Wie bitte?"

Kunde: „Den Fußballverein möchte ich sehen, der mit Christstollen unter den Sohlen Deutscher Meister wird."

Naschkatzen

Naschkatzen sind unterwegs,
schleichen fort auf leisen Sohlen,
Mandelsternchen sich zu holen
und den süßen Zuckerkeks.

Mit den feinen Schnuppernasen
finden sie die Tüten, Dosen,
stecken alles in die Hosen
oder in die Blumenvasen.

Wenn die Weihnachtglocke läutet
singen alle, groß und klein.
Doch im Keller, kann das sein,
wurd' die Bäckerkunst erbeutet!

Jetzt beginnt die Diebessuche,
war's die Minka, war's der Tasso,
alle auf Gebäckinkasso
in den Zimmern und im Tuche.

Und bei Gott, was soll ich sagen,
nirgendwo ist was zu finden,
nicht in Päckchen, den Gebinden.
Die Enttäuschung trägt der Magen.

Schließlich stellt die Blumenvase
auf den Tisch die Bäckersfrau.
Kippt sie um und schau nur, schau!
Da erschrickt die Schnuppernase.

Wer hat dies Versteck vergessen,
denken still die Weihnachtsmäuschen,
sind vor Freude aus dem Häuschen,
Erleichterung wird beigemessen.

Heiligabend war gerettet,
oh, wie fröhlich alle klingen.
Unter zarten Engelschwingen
ist das Christkind wohl gebettet.

Hirtenwacht

Flackernde Flamme, im Wald
warten Tannen, bald schon, bald
bannen die Lichter Engelgesichter.

Oh welch' Glimmer, Sternenschimmer
zieht einen Bogen, hellt auf den Flimmer,
bricht heraus Stimmenwogen.

Wie Wunder ist's, aus andrer Zeit,
rührt an der Seelen Ewigkeit.
Still ruht die Nacht der Hirtenwacht.

Deutscher Text zur Melodie „Hark! The herald angels sing".
Musik: Felix Mendelssohn Bartholdy Originaltext: Charles
Weseley 1739

Hört des Botenengels Ton

Hört des Botenengels Ton:
Preist den neugebor'nen Sohn!
Fried auf Erd', voll Gnad befreit.
Gott die Sünden uns verzeiht.
Freudvoll alle Völker weist,
Sieg des Himmels uns umkreist.
Engel künd'gen uns von dem
Christ gebor'n in Bethlehem.
Hört des Botenengels Ton:
Preist den neugebornen Sohn!

Christus wirft das Himmelslot,
Christus, allerhöchster Gott.
Aus der Zeit er zu uns kommt,
Retter, der uns alle frommt.
Herr, der Mensch geworden ist,
Heil dem neu gebor'nen Christ.
sein Kreuz macht das Leben hell,
Jesus, der Emanuel.
Hört des Botenengels Ton:
Preist den neugebornen Sohn!

Heil des Himmels Friedefürst
Heil Gerechtigkeit uns dürst!
Licht und Leben er uns bringt,
Heilung wenn sein Flügel schwingt.
Er leiht uns den Glorienschein,
kein Mensch stirbt mehr, er wird sein!
Für die Menschen er gebor'n,

schenkt im Tod den Lebenssporn.
Hört des Botenengels Ton:
Preist den neu gebor'nen Sohn!

Berliner Advent

27.11.2018

Regnerische Trübnis in Berlin. Neunundzwanzig Jahre nach dem Mauerfall zeigt sich Berlin vor dem ersten Advent vorweihnachtlich. Auf dem Alexanderplatz reiht sich Bude an Bude. Im Angebot Glühwein mit und ohne Schuss, Berliner Weiße, Schweinshaxe mit Sauerkraut oder Bratwurst, Nippes, Tand oder Handgearbeitetes gefällig? Na ja, regional ist das nicht gerade. Es ist nicht überfüllt, aber dennoch gut besucht. Menschen schlendern von Stand zu Stand, in der Hand ein warmes Getränk oder eine Bratwurst. In der Ecke offenes Feuer auf einem Rost, ein Wärmplatz für Frierende. Sie setzen sich auf die Bänke, die im Kreis um die Feuerstelle herum aufgestellt sind. Es ist kalt geworden.

Kinder fahren Karussell, laufen voller Freude die Stufen hinauf ins Obergeschoss der Weihnachtspyramide aus dem Erzgebirge. Das Riesenrad dreht bedächtig seine Runden und auf dem Eisfeld schlittern jauchzend die Vorsichtigen von einer Bande zur anderen. Menschen aus allen Teilen der Welt suchen den „German-Faktor", die preußische Akkuratesse und die bajuvarische Urgewalt.

Nichts davon ist zu finden auf dem Weihnachtmarkt, auch nicht die christliche Besinnlichkeit. Der Markt erinnert mehr an einen Rummel als an ein religiöses Ereignis. Weltläufigkeit prägt das Angebot als touristische Attraktion, das Brauchtum als Fassade, kommerziell und unpersönlich. Romantik scheint einer kalkulierten Nüchternheit gewichen zu sein. Mag sein, dass der Anschlag auf den Weihnachtsmarkt am Breitscheidplatz dieses Gefühl hinterlassen hat.

Die Beleuchtung ist eher spärlich, kein weithin sichtbarer überproportionaler hell erleuchteter Tannenbaum, keine festlichen Straßengirlanden, Sterne, Glitter oder Flitter, nur Asphalt, Mauergrau, Türme und Spitzen.

Heute ist Kaiserwetter, würde man in den Alpen sagen. Die Sonne scheint, die Strahlen durchdringen die blaue Kälte, wärmen die Gesichter und Herzen der Vermummten. Sightseeing ist angesagt in der Hauptstadt Deutschlands. Erstes Ziel: der Berliner Dom. Navigation mit Handy, Geocaching in der Bundeshauptstadt.

Der Fußweg ist unbeschwert. Auf der Spreebrücke posieren Besucher für den Schnappschuss des Tages, Selfies oder doch ein Passant als Fotograf ansprechen, aber mein Smartphone gibt bereits den Geist auf.

Im Kirchenraum ist Fotografieren mit Blitz nicht erlaubt, nur Wenige halten sich jedoch daran. Grundschüler werden in den ersten Bankreihen von einer Pfarrerin in Zivil unterrichtet, religiöser Anschauungsunterricht mit Erlebnisfaktor. Flüsterstimmen, Getuschel, durch das Hauptschiff wandern Touristen von einem Fresko zum nächsten, im Blickfeld die vier Evangelisten in den Ecken des Kuppelaufsatzes, weit entfernt die weiße Taube in der Kuppelspitze als Friedensgruß.

Vor dem Altar stehen prächtig vergoldete, meterhohe Kandelaber mit elektrischen Kerzen. Betreten verboten. Aus der Seitentür am Zelebrationsaltar kommt eine weitere Schülergruppe mit einer Lehrperson herein, still, wohl erzogen, andächtig.

Auf den Emporen der Kaiserloge und des Hofstaates stehen ebenfalls prunkvolle elektrische Kerzenhalter, die Besucher zwängen sich in die Bankreihen, ein Organist probt Kirchenmusik. Sinfonische Klänge verströmen sich im Gotteshaus, nötigen zur Aufmerksamkeit, vielleicht ist doch ein Gottesdienst vorgesehen? Eher nicht. Nach dem Verklingen erklimmt die Schar die unzähligen Stufen hinauf zum Dommuseum. Herzkranke werden vor der Anstrengung gewarnt.

Die ersten Entwürfe des Kirchenbaus sind zu bestaunen, Modellanfertigungen hinter Glas, historische

Zeichnungen, Pläne des Neubaus und Wiederaufbaus. Gussformen werden präsentiert, original verwitterte Kapitelle sind an der Wand befestigt, Steinfiguren in den Nischen, Johannes der Täufer ohne Kopf.

Die restlichen zahlreichen Stufen führen hinauf in die Domkuppel, Rundgang im Freien mit Ausblick auf die Dächer der Stadt. Nach einer Verschnaufpause Abstieg in die Krypta. Monarchen, Fürsten und Kinder der Hohenzollern reihen sich Sarg an Sarg. Friedrich der Erste im Totenbett prangt auf einem raumfüllenden Wandgemälde inmitten brennender Kerzen und Lilien. Im Domshop protestantische Säkularisierung: neben Handtüchern, Kaffeebechern, Badezusätzen, zahlreichen Geschenkpackungen mit Parfum und Seife werden auch Bibeln angeboten.

Um ein Uhr mittags Besichtigung des Mauerparks. Die Bernauer Straße im Glanz der Wiedervereinigung, Stahlstehle an Stahlstehle fügen sich zusammen, Erinnerungsmonumente an die einstige Mauer, mahnen an die Zeit zwischen 1961 bis 1989. Die Geschichte illustriert auf hohen Steinwänden, eingebaute Abspielmöglichkeiten der Bänder mit aufgezeichneten Fluchtberichten. „Niemand hat die Absicht, eine Mauer zu errichten", hör ich Erich Honecker sagen. Umrisse eines Grenzhauses zeichnen die Aufteilung der Räume nach, Küche, Keller, Wachposition. Barrikaden, Fallen, Todeszone, ein Wachturm, eingerahmt zwischen neuer und alter Mauer als Europäisches Kulturgut gekennzeichnet. Ein runder Sakralbau bietet die Möglichkeit zu innerer Einkehr, der Kauf von sogenannten „Schusterjungen", kleinen Brotstücken, ist erwünscht.

Die Rückfahrt mit der S-Bahn. Ist der Fahrschein noch gültig? Zwei Kontrolleure schwadronieren am Bahnsteig. Sie sagen uns, dass der Fahrschein abgelaufen sei, also einen neuen Fahrschein ausdrucken und lösen. Einsteigen nach der Durchsage, Gedränge, höfliches Vorlassen von Müttern mit Kinderwägen.

Die gleiche Ausländerin wie bei der Hinfahrt bettelt, fleht professionell, jammert Apfel essend, im Brustbeutel einen von ihr unbeachteten Säugling, vor sich hergetragen wie ein Paket. Der Kontrolleur spricht sie an, Lamentieren, Schluchzen. Doch es nützt nichts. „Die Menschen sind hier alle gleich", sagt er mit leicht türkischem Akzent. „Die Regeln gelten für alle." Er veranlasst ihren Ausstieg, ebenso den einer minderjährigen Drogensüchtigen und eines weiteren Ausländers, alles Passagiere ohne gültigen Fahrschein.

Der Fußweg zurück zum Hotel in die Lounge zieht sich, dann wohltuender Kaffeegenuss. Wir wärmen uns vor der Heimfahrt nach Saarbrücken noch einmal auf. Der Koffer ist hinter dem Tresen gut verwahrt. Es wird Zeit, das Taxi kommt nach fünf Minuten.

Der Berliner Hauptbahnhof ist mittlerweile adventlich hergerichtet, Lichtgirlanden hängen von der Decke, Bäumchen, Gestecke, die Farben grün und rot, alles traditionell, endlich fühle ich den Zauber von Berlin, die unendliche Vielfalt an Menschen, Sprachen und Auslagen. Geborgenheit in einer Atmosphäre des Aufbruchs, der Unrast und Ungewissheit. Ist das Gleis richtig, steht der Zug schon? Dann die Durchsage, dass das Gleis geändert wurde, eiliger Wechsel, Rolltreppen fahren, den Bereich finden für den Einstieg in den Erste-Klasse-Waggon und warten, bis der ICE eintrifft. Alle bringen genug Geduld auf, die Angekommenen aussteigen zu lassen. Den Sitzplatz finden, sich einrichten und zur Ruhe kommen. Jemand hat ihn jedoch einfach belegt. „Bleiben Sie nur sitzen. Es sind nicht alle Plätze gebucht." Wir setzen uns auf die Plätze daneben. Die Vorfreude, wieder nach Hause zu kommen, überfällt nicht nur mich. Ob wir bald wieder nach Berlin fahren werden? Wohl kaum im Advent.

Innere Einkehr

Die Zeit wird immer kürzer,
die Jahre dreh'n sich um!
Du sitzt im Arbeitszimmer
und fragst dich stets, warum?

Die Zeiger aller Uhren
dreh'n sich im gleichen Takt.
Schau die Sekundenspuren
schlossen längst einen Pakt.

Willst du es auch nicht sehen,
sehr viel willst du zu schnell.
Bleib doch nur einmal stehen,
sei dein eigener Rebell.

Die Muße und die Ruhe
stahlen sich dir davon,
die produktiven Schuhe,
ein Mühlstein aus Beton.

Oh liebes, kleines Leben,
lass ihn so lang nicht geh'n,
bis er vor Freud' kann beben,
bis er das Kind geseh'n.

Es kommt nur Heiligabend,
zu unsrer Seelen Heil.
Segen und Liebe habend
wird es auch dir zuteil.

Vergiss das viele Sorgen
das dich nicht ruhen lässt.
Willst du dir Leben borgen,
feire das Weihnachtsfest.

Denn nichts ist dann vonnöten
als Stille und Vertrau'n.
Die Engel Zuflucht böten,
dir einen Himmel bau'n.

Komm sing mit uns und lache.
Gott schickte uns den Sohn.
Setz dich zur Kripp' und wache,
Die Liebe ist der Lohn.

Deutscher Text zur Melodie „God rest you merry, gentlemen"
Musik: Volksweise 18. Jhd. Originaltext: Verfasser unbekannt

Gott schenkt euch Freude allezeit

Gott schenkt euch Freude allezeit,
lässt keinen ungetröst';
denn Jesus Christus ward geborn,
der Retter uns erlöst.
Zu schützen uns vor Satans Macht,
wenn Böses er einflößt.
Oh hört diese Botschaft voll Freud,
Trost und Freud.
Oh hört diese Botschaft voll Freud.

Gott, Vater, himmlischer Regent,
dein sel'ger Engel kam
zu jenen Hirten auf dem Feld,
die Botschaft man vernahm,
dass dort in Bethlehem gebor'n
daselbst Gott ohne Scham.
Oh hört diese Botschaft voll Freud,
Trost und Freud.
Oh hört diese Botschaft voll Freud.

Den Hirten hat die frohe Kund
das Herz erfüllt mit Freud.
Sie trotzten Nebel, Wind und Sturm,
sie haben nichts gescheut.
Sie wendeten nach Bethlehem,
suchten das heil'ge Kind.
Oh hört diese Botschaft voll Freud,
Trost und Freud.
Oh hört diese Botschaft voll Freud.

Sie gingen hin nach Bethlehem,
dort wo das Kindchen lag,
fanden die Krippe mitten im
Esels- und Ochsverschlag.
Maria, seine Mutter kniet
und betete ohn' Klag.
Oh hört diese Botschaft voll Freud,
Trost und Freud.
Oh hört diese Botschaft voll Freud.

Nun singt dem Herrn und preiset ihn,
die ihr versammelt seid,
mit wahrer Liebe, brüderlich,
umarmt euch, denn ihr teilt
die frohe Botschaft, Weihnacht ist's,
vergessen ist das Leid.
Oh hört diese Botschaft voll Freud,
Trost und Freud.
Oh hört diese Botschaft voll Freud.

Wichtelmann und Knuspermaus

Wichtelmann geht voran,
Knuspermaus folgt ins Haus
in den Keller.

Von dem Teller
in die Schürzen Kipferl stürzen,
Sterne laufen mit den Schlaufen,
Plätzchen-Schätzchen
huckepack in den Sack.

Mit den Stollen trollen
aus dem Häuschen
Weihnachtmäuschen.
Nacht für Nacht
wurd' der Vorrat kleingemacht.

Und am Heiligabend,
am Naschwerk gern sich labend,
sich freuen Vater, Mutter, Kind.
Wo bloß die ganzen Schätzchen sind?
Wo sind all die Schokonüsse,
Mandelsplitter, Zimtsternküsse?

Bäckerin und Hilfsgenossen
zweifeln: „War's auch abgeschlossen?"
Wo ist nur das Gebäck geblieben?
Bei Knuspermäusen, Weihnachtsdieben!
Jetzt bleibt nur der Rest
für das Weihnachtsfest!

Advent

Wenn Eisblumen blühen an Fensterscheiben
und Kinder sich rosige Nasen reiben,
ist Winter, die weißkalte Zeit.

Wenn Schneeflocken Winterreigen knüpfen
und über Tannennadeln hüpfen,
ist Weihnachten nicht mehr weit.

Es duftet nach Plätzchen und Lebkuchenherzen,
nach Mandarinen, Nüssen und Kerzen,
ein eisiger Wind streift ums Haus.

Knecht Ruprecht füllt den Sack mit Geschenken,
die Glöckchen klingeln, die Sterne lenken,
an die Tür klopft Sankt Nikolaus.

Der Umzug

Das war's! Gerlinde Bottendrop saß auf den Koffern und Kisten. Wo sollte sie hin? Bis zuletzt hoffte sie, dass die Räumungsklage keinen Erfolg haben würde. Doch vergeblich! Das blieb ihr also von einem arbeitsreichen Leben. Das Sozialamt hatte ihr eine neue Wohnung zugewiesen, ganze dreißig Quadratmeter. Ja, ja. Wer weiß, in welche Gesellschaft sie kommen würde. Nahm sie die Hilfe nicht an, wäre sie wohnungslos geworden, obdachlos, eine Nichtsesshafte, wie es im Amtsdeutschen heißt. Als Frau mit sechsundsechzig Jahren.

Sie konnte es immer noch nicht fassen, dass Wilhelm alles verspielt hatte. Nun, da er vor vier Monaten an seiner Leberzirrhose starb, erbte sie die ganzen Schulden. Das Haus konnte sie nicht halten. Hätte sie den Rat ihrer Freundin befolgt und sich rechtzeitig getrennt, wäre ihr dieser Schlamassel erspart geblieben. Aber sie konnte das nicht, ihn einfach im Stich lassen. Schließlich galt der Treueschwur für die guten und die schlechten Zeiten.

Mit Wilhelm hielten sich die guten Zeiten allerdings in Grenzen. Anfangs umsorgte er sie, fast vorbildlich. An alles hatte er gedacht. Berufsunfähigkeitsrente, Risikolebensversicherung, zusätzliche Rentenvorsorge mit Aktien... . Als der Börsenkurs einbrach, waren alle Ersparnisse dahin. Sicher unterrichtete die Bankangestellte sie über das Risiko. Aber kauften nicht all ihre Bekannten diese Aktien? Die offensive Werbung versprach absolute Zuverlässigkeit und hohe Gewinne. Den Börsencrash sah damals niemand voraus. Dies hätten sie noch verschmerzen können, wäre Wilhelm nicht Knall auf Fall arbeitslos geworden. Insolvenz, einfach so. Das stetige Risiko, in der Industrie zu arbeiten. Ebenfalls der Wirtschaftslage geschuldet. Die Lebensplanung geriet völlig aus den Fugen und Wilhelm kam unter die Räder. Er fing an zu trinken, ging ins Kasino in der Hoffnung, das große Los zu ziehen.

Wäre er doch nur ein kleiner Beamter gewesen! Dann hätte er einen Versorgungsanspruch bis ans Lebensende gehabt. Die Besoldung reichte ihm aber nicht, nein, er wollte gleich das große Geld verdienen. Immer mehr haben wollen, immer bis an die Grenzen des Machbaren gehen, das war seine private Gewinnmaximierung.

Nun gut, sie hätte ja ebenfalls berufstätig sein können, aber Wilhelm wollte das nicht. Das entsprach nicht seinem Anspruch. Seine Frau sollte Hausfrau sein, sollte sich ganz der Familie widmen, selbst dann noch, als Katja heiratete und wegzog. Sie lebte inzwischen in Amerika. Der Kontakt bröckelte ganz langsam ab.

Zugegeben, sie hätte sich mehr bemühen können. Sie hatte ja nur eine Tochter. Aber dieses zermürbende Warten auf die Rückrufe, die sich häufenden Absagen der Besuche, das Ausbleiben der Geburtstagswünsche, ganz abgesehen von gemeinsamen Weihnachtsfeiern, nein, sie wollte nicht das Gefühl haben müssen, lästig zu sein. Sie lebte nach dem Prinzip, Eltern können etwas für ihre Kinder, aber Kinder nichts für die Eltern. Sie hielt nichts davon, aus einem Pflichtgefühl heraus beachtet zu werden. Das war ihr zu wenig. Sie wollte geliebt werden, so wie sie ihre Familie geliebt und für sie gelebt hatte.

Aber vielleicht war dieser Anspruch an das Leben ebenfalls zu hoch gewesen, auch am Limit. Vielleicht war ihre jetzige Situation das Ergebnis dieser Lebensphilosophie. Oder eine Strafe Gottes? War sie nicht fromm genug gewesen? Sie hatte nicht jeden Sonntag den Gottesdienst gefeiert oder täglich gebetet. Das Schicksal zeigte ihr die rote Karte, unerbittlich. Also, es nützte nichts! So sehr sie auch darüber nachdachte, was der Grund für diesen sozialen Abstieg war, so wenig änderte dies daran, dass gleich ein Umzugswagen kommen würde, ihre Sachen aufladen und sie in einen sozialen Wohnungsbau bringen würde. Jetzt war sie ein Sozialfall! Schrecklich dieser Gedanke. Die große Witwenrente, die sie erhielt, weil sie keinen eigenen Rentenanspruch erworben hatte, war dennoch viel zu klein. Das Sozialamt billigte die Aufstockung und das Wohngeld für die Sozialwohnung. Verhungern würde sie nicht, aber war das noch ein menschenwürdiges Leben?

Es klingelte. Da waren sie schon, die Umzugshelfer.

„Wir haben den Auftrag, die Wohnungsräumung zu vollziehen, ich bin übrigens Herr Schmitt, und das ist Herr Stedefreund", sagte der Mann im blauen Arbeitsoverall.

„Kommen Sie herein, ich habe, so weit es ging, schon alles zusammengepackt", sagt sie mit tonloser Stimme. Die Helfer hoben die Kisten auf und trugen sie in den Transporter. Dann durfte sie einsteigen.

„Wo komme ich denn hin?" fragte sie schweren Herzens Herrn Schmitt.

„Das ist ihre neue Adresse, Schillerstraße dreiunddreißig, erster Stock. Sie haben Glück, dass vor acht Tagen die Dame, die dort gewohnt hat, in ein Pflegeheim gebracht wurde, Demenz, wissen Sie. Sonst wären Sie in eine Art Sammelunterkunft gekommen, ein Zimmer mit Küche, gemeinsames Bad auf dem Flur. Ja wirklich, sie haben viel Glück gehabt."

Frau Bottendrop sah überrascht aus. „Ist das wirklich war, ich habe eine abgeschlossene eigene Wohnung?"

„Ja", sagte Herr Schmitt, „das ist schon etwas ungewöhnlich. Als wir gestern diese Adresse erhielten, waren wir auch überrascht."

Gerlinde Bottendrop war etwas erleichtert. Wenigstens konnte sie ein unabhängiges Leben in diesem Haus führen. Niemand würde den Zutritt zum Bad behindern oder sie gar belästigen können. Dafür musste sie Gott danken.

Sie bogen in ein mittelständiges Wohngebiet ein. Schillerstraße, da gab es doch ihres Wissens gar keine Sozialbauten. „Sind Sie sicher, dass ich in der Schillerstraße wohnen werde?" fragte sie jetzt ungläubig.

„Ja, wir haben von der Caritas diese Adresse erhalten. Gewöhnlich bringen wir dort niemand unter, wissen Sie. Aber in Ihrem Fall sieht das, wie schon gesagt, anders aus. Da hat wohl einer nachgeholfen"

„In meinem Fall? Nachgeholfen? Wie ist das zu verstehen?" fragte Gerlinde erstaunt.

„Dieses Rätsel kann ich leider nicht für Sie lösen. Mehr hat man uns auch nicht gesagt. Wir haben uns ebenfalls etwas gewundert. Sie müssen einen Schutzengel haben. Freuen Sie sich doch, dass Sie Weihnachten in einem neuen ordentlichen Zuhause feiern können. Das ist in ihrer Lage nicht selbstverständlich", sagte Herr Stedefreund.

Sie bogen noch einmal rechts ab und dann konnte sie das Straßenschild lesen, Schillerstraße, tatsächlich.

Hatte sie der liebe Gott doch nicht ganz vergessen, fiel ihr ein. Konnte das wirklich wahr sein, fragte sie sich. Aber weshalb sollten ihr diese Leute etwas Falsches erzählen. Dazu gab es keinen Grund.

„So, da sind wir", sagte Herr Schmidt, zog die Handbremse an, stieg aus und öffnete ihr die Tür. Frau Bottendrop kletterte aus dem Transporter.

„Das sind Ihre Schlüssel", sagte Herr Schmitt und gab sie ihr, damit sie aufsperren konnte. Sie ging zur Tür. Jemand öffnete sie von innen. Eine Frau mittleren Alters kam heraus. Sie traute ihren Augen kaum. Das war ja... Katja, ihre Tochter!

„Hallo Mama", rief sie, nahm sie in den Arm und drückte sie ganz fest. „Es tut mir so unendlich leid, dass ich mich nicht mehr gemeldet hab. Als ich hörte, dass Papa gestorben sei und du das Haus verkaufen musstest, bin ich, so schnell es ging, nach Deutschland gereist, um dir eine Wohnung zu mieten. Warum hast du denn nicht sofort angerufen. Ich wäre doch gleich gekommen."

Gerlinde fing an zu weinen, sie schluchzte unaufhörlich und sagte nur: „Entschuldige, entschuldige bitte, dass ich dir nicht mehr vertraut habe. Ich wollte dir nicht lästig werden und in dein Leben einfallen."

„Du und mir lästig? Du bist doch meine Mutter und hast immer gut für mich gesorgt. Auch wenn das nicht immer so einfach war. Ich freue mich, wenn ich dir davon etwas zurückgeben kann. Ich hab doch nur eine Mutter."

Sie gingen in die Wohnung, brachten alle gemeinsam ihre ganzen Habseligkeiten nach oben. Katja hatte in der Küche, die sie voll möbliert von der Vormieterin übernommen hatte, den Kaffeetisch schon vorgedeckt und setzte den Kaffee auf.

„So, nun schau. Ich hab dir die Bilder deiner Enkelkinder mitgebracht. Sie kommen übrigens alle nächste Woche mit Hermann nach, damit wir gemeinsam mit dir Weihnachten feiern können. Und das wollen wir ab jetzt immer so halten. Und zu meinem Geburtstag kommst du nach Amerika."

Allmächt'ger Gott

Allmächt'ger Gott, die Engelsstimmen rufen,
von Tal zu Tal, vom Gipfel weit und breit.
Bist du bei mir, erklimme ich die Stufen,
vom Anbeginn bis in die Ewigkeit.

Bist du bei mir, wird es mir an nichts fehlen,
was kommen mag, dein Licht scheint immerfort.
Du bist die Liebe, Hüter aller Seelen,
du bist das Heil der Welt und aller Menschen Hort.

Allmächt'ger Gott, bis ich dereinst muss scheiden,
schenk mir die Kraft der Liebe für und für,
lass mich im Gras, im Gras des Lebens weiden.
Dein Himmelreich leuchtet den Weg, den Weg auch mir.

Lass mich zu dir ins Paradies der Güte,
mein Herz sehnt sich zu dir nur immerzu.
Du bist das Licht, du bist des Lebens Blüte.
bist meine Zuversicht, mein Frieden, meine Ruh.

Komm zu mir herab

Dunkelheit blendete mich
Nur du kannst lichtern

Ewiges Licht

I
Das Gute ist
das Schwerste von Allem
Es fordert Engelgleiches

II
Das einzig Beständige dieser Welt
ist das Unbeständige

Das Beständige des Lebens
bist Du

III
Wie kann ich meine Finsternis brechen
in der Dunkelheit der Welt
wie mich wärmen
am Feuer Deiner Liebe

Du umfängst mich
mit Deinem Wärmestrahl
um mich immer wieder
zu erhellen

IV
Wie oft möchte ich meine Scham verbergen
über meine Schwäche
die mich einholt

wenn die Welt
scheint

Doch Du liebst weil Du liebst
immerfort
unaufhörlich

V
Du kommst
wenn ich auf meinem Ölberg stehe
wenn alles mich verlassen hat
wenn alle Schmach
mich ans Kreuz schlägt

Du kommst
hüllst mich ein
mit dem Wundtuch
Deiner Liebe

VI
Manchmal öffnest Du mir
Deinen Lichtweg
und schenkst mir
was Menschen nicht vermögen

Wie sehr möchte ich Dir folgen
wie sehr dieses Glück
bewahren

Allerliebstes Licht

Da Du mich rufst, Dir zu folgen,
nimm nur mein Herz, nimm meine Seele ganz.
Kein Weh, kein Schmerz wird mich Dir nehmen,
vergess ich mich, vergess den Glanz.

Da Du mich rufst, Dir zu folgen,
gebe ich Dir mein ganzes Leben neu,
will Garten sein, sä' Dich mir wieder,
dass keimen kann die Frucht der Treu'.

An Deinen Blüten ich mich freue,
an Deiner Nahrung reife ich allein
und Deiner Sonn' erwächst die Wurzel,
die Tränen werden Regen sein.

Da Du mich rufst, Dir zu folgen,
geb ich mich Dir zu Deinem Willen hin,
mein Schöpfer Du, mein starker Tröster,
Du meiner Hoffnung Zuversicht,

Du hellstes, allerliebstes Licht.

Moselfränkische Übertragung des Liedes „Alle Jahre wieder"
Musik: Friedrich Silcher zugeschrieben Originaltext: Wilhelm
Hey 1837

Jed Joa imma widda

Jed Joa imma widda
kummt it Christkindchin
uff die Erd lò nidda
wo mia Leit dò sin

keat met seinem Seejen
in in jedet Haus
get uff allen Weejen
mit uus in und aus

Is òn meina Seit lò
kääna kennts im Lond
zeit mia still de Ströòß dò
met da léiwen Hond

Katzenweihnacht

Kater Stanislaus war verschwunden. Gestern in aller Früh lustwandelte er noch in unserem verschneiten Garten, wälzte sich im Schnee und vollführte Sprünge, als wollte er dem verblassenden Sternenhimmel Gesellschaft leisten.

Schon einmal verschwand er für mehrere Tage. Spurlos! Aber damals war es Sommer. Nun machte ich mir Sorgen. Die Witterung war nicht gerade menschenfreundlich. Auch ein Hauskater konnte da unter die Räder kommen oder in Erfrierungsnot geraten. Vor allem, weil er nicht mehr jung war.

Mein Hauskater zählte schon fünfzehn Lenze. Seine geliebte Gefährtin Minka mussten wir letztes Jahr begraben. Was war das für eine schlimme Trauerfeier! Das Grab hatte ich im Garten ausgehoben, den Namen und die Lebensjahre in einen Steinblock geritzt. Stanislaus beobachtete mich ständig mit weit aufgerissenen Pupillen. Er sah so unendlich traurig aus.

„Ja", sagte ich, „lieber Stanislaus, deine Minka ist jetzt im Katzenhimmel. Lass uns ein Gebet für sie sprechen."

Ich nahm seine Pfoten und wir beteten: „Lieber Gott, nimm bitte unsere Minka in den Katzenhimmel auf und schenke ihrer Seele allen Frieden der Welt."

Als ich die Erde in das Loch schubste, jammerte er leise vor sich hin, strich um meine Füße, als wollte er sagen, dass ich damit aufhören soll. Er konnte wohl nicht glauben, dass Minka nicht mehr lebte. Wochenlang wollte Stanislaus nicht mehr aus dem Haus. Er kauerte nur noch auf seinem Sessel, legte den Schwanz eng an und rollte sich ein. Wie sehr hoffte ich, dass er endlich wieder auf die Jagd ging und eine Maus anschleppte.

Vor drei Wochen hielt der Winter bei uns Einzug, es schneite unermüdlich. Täglich räumte ich die Hauseinfahrt und den Gehsteig. Stanislaus saß frierend im Hauseingang und sah zu. Manchmal traute er sich in den Garten oder wilderte in der Umgebung. Spät abends schlüpfte er durch die Türklappe und meldete sich zurück. Bis vor acht Tagen war das so. Dann ging er wieder jeden Mittag auf Tour und sah recht froh und munter aus. Doch gestern Nacht kam Stanislaus nicht zurück. Der Fressnapf war morgens unberührt. Dabei hatte ich ihm ein Festmenue bereitgestellt. Schließlich stand Weihnachten vor der Tür.

Als ich besorgt um das Haus stöberte, um Spuren zu entdecken, knarrte es im Geräteschuppen. Die Tür lies sich seit dem letzten Sturm nicht mehr ganz schließen. Ich traute meinen Ohren nicht. War das nicht ein Miauen? Aha, dachte ich, versteckte sich der alte Müßiggänger wohl hier? Aber bei näherem Hinhören war mir das Miauen unbekannt. Das war nicht Stanislaus. Was verbarg sich also im Schuppen? Ganz vorsichtig schob ich die angelehnte Tür beiseite. Die Morgensonne fiel hinein und da sah ich im Lichtkegel eine Katzenmutter liegen, die ihre Jungen säugte. Stanislaus saß beschützend davor. Als der Türspalt größer wurde, stellte er sein Fell auf und fauchte. Erst als ich näher kam, beruhigte er sich wieder und kam auf mich zu.

„Stanislaus, was hast du uns denn da gebracht?" flüsterte ich ganz aufgeregt. „Das ist ja ein wunderschönes Weihnachtsgeschenk."

Stanislaus schnurrte unter meinem Streicheln und die Katzenmutter hob den Kopf. Die Katzenkinder ließen sich nicht beirren und stillten weiter ihren Hunger. So verbrachte ich Heiligabend mit Stanislaus und der Katzenmutter im Geräteschuppen, sorgte für die kleine Katzenfamilie und freute mich, dass Stanislaus seinen Lebensmut endlich wiedergefunden hatte.

Die Weihnachtskür

Rentiers Hufe wollt nicht laufen,
Christkind lockerte die Schlaufen.
Kutsche stand auf einmal still,
Räder quietschen laut und schrill.

Kam ein Reh herbei gesprungen,
hat sich's Ziehen ausbedungen.
Christkind spannt das Rehlein an,
läuft so schnell wie es nur kann,
steht schon draußen vor der Tür.
Das war Rehleins Weihnachtskür.

Weihnachtsbäckerei

A nisplätzchen
D resdner Christstollen
V anillekipferl
E ngelsaugen
N ürnberger Lebkuchen
T eebrötle

Wunderliches ist gekommen

Rote Kerzen flammen auf,
züngeln auf in Himmelshöhen
huldigen dem Lichtgeschehen
einer Nacht im Sternenlauf.

Kranzgebinde harzig haucht,
Glocken ihre Schlegel schwingen,
einem Christuskind zu klingen.
Weihrauch Engelflügel baucht.

Aus dem Nebel zu erahnen,
Wunderliches ist gekommen,
hat die Ängste uns genommen,
will der Schuld Erlösung bahnen.

Kniet euch nieder in der Milde,
Demut sei der Liebe Glanz,
Gnade wähnt die Seele ganz,
Gottes heiliges Gefilde.

Deutscher Text zur Melodie „O little town of Bethlehem" Musik:
Volksweise, Verf. unbek. Originaltext: Philipps Brooks 1868

O kleines Städtchen Bethlehem

Im kleinen Städtchen Bethlehem
ein Paar die Herberg fand,
finster in tiefem Schlaf vergeht
das stille Sternenland.
Doch in den dunklen Straßen
scheint auf das ew'ge Licht.
Der Jahre Hoffnung, Angst heut Nacht
sich löst, das Licht anbricht.

Mirjam gebar das Christuskind,
das Heil zur Welt gebracht.
Die Engelschar verkündete
das Wunder dieser Nacht.
Und alle Morgensterne
strahlten in heil'ger Freud,
preist Gott, den König und lobsingt
den Menschen Frieden heut.

In aller Stille ohne Laut
dies Wunder uns geschenkt.
Gott kommt zu dir ins Herz hinein,
den Blick zum Himmel lenkt.
Er kam uns zu erretten,
in Sünde lag die Welt.
Wo Seelen sich ihm öffnen weit,
tritt ein in Gottes Zelt.

Die Kinder rein und glücklich sind,
beten zum heil'gen Kind.
Wo Elend schreit, der Mutter Sohn

ist dafür niemals blind.
Er wacht mit aller Liebe
und öffnet jede Tür;
in dunkler Nacht im Glorienschein
das Christkind kam herfür.

Das heil'ge Kind von Bethlehem
segnet unser Gebet,
in uns gebor'n, die Sünde stirbt
damit ihr aufersteht.
Die Weihnachtsengel singen,
die Glocken klingen hell:
oh komm zu uns, Herr Jesus Christ,
oh komm Emmanuel.

Die Botschaft aus Licht

fiel vom Himmel uns herab.
Lichtblumen blühen.

Maria, Josef und das Kind

in einem alten Kuhstall sind.
Kein Wirt ihnen den Einlass bot,
kein Wasser, nichts als Hungersnot.

Als diese Nacht vorüber ging,
ein Stern am hohen Himmel hing.
Er wies den Weg Hirten im Feld.

So arm war es um sie bestellt,
dass Ochs und Esel Wärme schnauften
hatten kein Geld, konnten nichts kaufen.

Das Christkind hat uns Gott geschenkt,
dass alle Welt an eines denkt:

wer hoch strebt, Ansehen sich schafft,
dass jedermann sein Bild begafft,
der Reiche braucht sein Geld zum Leben,
mit Macht wird sich ein Mensch umgeben,
der herrschen will, jenseits de Lichts.

Für Liebe allein brauchst du nichts.

Nur eine ist's

die auserwählt
arm
schwach
einfach

Wer aber
dies missachtet
findet keinen Weg
zum Herrn
der Schöpfung

Mariengebet

Maria
die du alle Schmerzen einer Mutter
geboren hast
steigst empor aus der Last
irdischer Not

Schenk mir das Brot
dieser Liebe

Höhere Gewalt

Oh sieh nur, es schneit! Die Himmelslawine aus weißen, federleichten Flocken rollte über das Köllertal, füllte die Mulden und Hänge der Gärten und Felder mit einer glitzernden Schneedecke. Vom Wohnzimmer aus strahlte mir das weiße Geblüt hinter dem Haus entgegen, das zarte Gewöll über der Lebensbaumhecke, himmelhoch wachsend. Tannen sahen bald wie der Turmbau zu Babel aus, windschief, aufgepfropft, überladen. Die Steilhänge aus Schnee lockten Vögel zur Rutschpartie am Futterhaus. Der Überhang des Kandelabers mopste auf, bis auch er ins Schlingern geriet.

Der Schnee machte vor nichts und niemandem Halt. Ausnahmslos nahm er von allem Besitz, was sich ihm in den Weg stellte. Vergessene weiße Sonnenstühle wurden zu Schneeskulpturen, bildeten mit dem Tisch ein Stillleben. Ja, wortkarg ist der Winter, leicht und lockend wenn es so schneit wie heute und schwer und belastend, wenn der Frost alles erstarren lässt und das Leben in der Natur zur Herausforderung wird.

Die wenigen Schneetage der letzten Winter dienten bei uns dem Erlebnisfaktor. Kinder funktionierten steile, unbefahrbare Straßen zu Abhängen um und rutschten mit ihren Schlitten hinunter. Sankt Moritz im Köllertal. Das war ein Lachen und Jauchzen! Es ersparte außerdem die Reise in die Wintersportgebiete, wenngleich die Gemeinden hierzulande im Chaos versinken, wenn die Wettervorhersage ungenau ist. Auch wenn sie zutrifft, sind nur die Hauptverkehrsstrassen, die Dorfmitte oder das Stadtinnere befahrbar. Die Seitenstraßen werden meist nicht mehr geräumt. Das führt dazu, dass Arbeitnehmer ein Zubringerproblem haben. Die höhere Gewalt muss fürs Zuspätkommen und Ausfälle herhalten. Die höhere Gewalt, die auch dafür sorgt, dass Wintergefühle die Sehnsucht nach Weihnachten aufkommen lässt. Der

Wunsch, anderen Menschen nahe zu sein, sich nicht mehr allein zu fühlen, dazu zu gehören und in einer Gemeinschaft Geborgenheit finden.

Weihnachten, die höhere Gewalt aus der anderen Zeit, die sich uns in der Gegenwart nicht erschließt, die höhere Gewalt der Schöpfung, die uns immer wieder begegnet und uns erahnen lässt, dass der Sinn dem Sinnen entspringt und erst erfahrbar werden kann, wenn wir unserem inneren Sinn folgen, wenn unser Dasein unserem Sosein entspricht. Doch woher können wir das wissen? Wie können wir uns unseren Lebensauftrag erschließen?

Vielleicht, dachte ich, als ich die Terrassentür öffnete und den frischen Wind einatmete, solltest du auch wie der kleine Vogel auf dem Dach des Futterhauses landen und deiner Fähigkeit zur Balance vertrauen. Vielleicht ist das Scheitern vor deinen eigenen Ansprüchen die höhere Gewalt des Lebens. Vielleicht ist das unbedingte Anhäufen von Wissen nicht der eigentliche Lebensauftrag. Denn vieles wissen wir erst dann, wenn wir es wissen müssen. Und vieles wissen wir in diesen Augenblicken, ohne es vorher gelernt zu haben.

Vertrauen, dachte ich, vertrauen in sich selbst ist vielleicht der eigentliche Anspruch, dem wir gerecht werden sollten, Vertrauen in Gottes unerschöpfliche Schöpfung, Vertrauen in die Kraft Gottes, in die Fähigkeit des Geistes, die sich in allem widerspiegelt, was lebt. Weihnachten mit nur einem einzigen Wunsch feiern, die Kraft zu entdecken, Gott zu vertrauen, sich selbst und den Menschen, die um einen sind.

Klään Hirtenspill

Vier Hirten stehen bei ihren Schafen, bewacht von einem
Hund. Am Himmel strahlt es hell. Engel singen.

Hirte 1
Lou moll lòò, än Stern is dòò,
der strahlt so hell un lòng.

Hirte 2
Her ma bloß uff. Watt is donn datt,
datt Licht scheint richtisch stròng.

Hirte 3
Datt sitt jo aus, als kämt der gleich
foa uusa Fiiß gefall.

Hirte 4
Pass ma bloß uff, der knallt sunscht noch
uuf uusa Schòòf lòò all.

Hirte 1
Peif se serick, da Tasso soll
die Schòòf sesommen treiwen.

Hirte 2
Du liewa Gott, loss uus die Schòòf,
watt soll uus dònn sunscht bleiwen.

Hirte 3
Òm Änn gett noch da Himmel uff,
un mir gehn mett ihm unna.

Hirte 4
Mòòl net de Deiwel òn de Wònd,
sunscht kimmt der wirklich runna.

Hirte 1
Wat saat ma dòò, dau hascht jo rescht,
lòò owen is än Loch.

Hirte 2
Hean dir datt aach, do singt it jo.
Watt is dann datt fia'n Sprooch?

Hirte 3
Oh Gott, wie Virrel sejn die aus,
die Flittchen sin moll groß.

Hirte 4
Die sinn so weiß, die sinn so hell,
ma sitt sogar it Moos.

Hirte 1
Wie scheen datt klingt, halleluja,
watt hann die grad gesaat?

Hirte 2
Dòò unnen gäft än Hittchen stehn,
datt hätt uff uus gewaat.

Hirte 1
Wieso gewaat, watt is dònn dòò,
wer is dòò unnakumm?

Hirte 3
Jetzt saat der Groß, em Gott sein Sohn
wär grad dòò runnakumm.

Hirte 4
Wer is datt Kind, wie häschen die,
de Papa und de Mama?

Hirte 3
Maria heischt et, Josef er,
Jesus da Bou, wie gamma.

Hirte 4
Saa moll, wie gett dònn so eppes,
im Stall kritt die än Kind?

Hirte 1
Än Hitt is jò kein Kronkenhaus,
do zieht doch stark da Wind.

Hirte 2
Se hann nix onneres gefunn,
se wären nitt von lòò.
Se wären kumm von Nazareth
von gònz weit her bis lòò.

Hirte 1
Mein liewa Monn, datt is än Ding,
dò fällt mir nix me in.
In onna Umständ bis bei uus,
datt muss jò schrecklich sinn.

Hirte 3
Hädden bei uus se ongekloppt,
mir hädden uffgemach.
mir hädden ach än Bett gehaad
un ach än dichtes Dach.

Hirte 4
Oh jo, dòò missen mir aweil
jetzt gònz schnell gucken gehn.
Die Schòòf hollen mir änfach mett,
die lossen ma nitt stehn.

Hirte 1
Lou moll, die Flittchenleit, die flejn
schunn loss, jetzt machen schnell.

Hirte 4
Mir finnen schunn de Wech dòòhin,
de Stern flimmern jo hell.

Hirte 2
Datt is lòò jo noch nie passiat,
datt mitten in da Naat
än Kind im Stall geboa is ginn
von äner gònz freem Maat.

Hirte 3
Jo, jo, än Wunna ist datt schunn
und dònn ach widda nitt.
Wer aus da Freem bei uus naats kimmt,
hatt noch kään Wohnung kritt.

Hirte 3
Eich sòòn gleich Meinen, wat lòò Sach,
vazehlen von dem Klään.

Hirte 1
Den annan saan mir aach Beschääd,
dònn sinn se nitt allään.

Hirte 4
Jetzt awa loss, Tasso kumm her,
treiw dau die Schòòf moll òòn.

Hirte 3
Gehn ihr schunn vor, mir kummen nòò.
Die Lämmcha mir zwei tròòn.

Hirte 2
Dònn moll je, sunscht gett da Stern
noch voa uus änfach unna.

Hirte 1
Dònn dappa jetzt, datt mir nitt noch
vapassen datt groß Wunna.

Hirte 3
Haschte gesejn, it Himmelsvolk
steht schunn iwa da Hitt.

Hirte 4
Wäschte, datt missen Engel sin,
mir singen änfach mit.

Alle:
Halleluja, halleluja,
geboren ist ein Kind.
Macht auf euch,
kommt nach Bethlehem,
im Stall ihr es dort find.

Es ist der Mensch geword'ne Sohn,
Erlösung er euch bringt.
Macht auf euch
für die neue Zeit,
um euer Heil er ringt.

Halleluja, halleluja,
dem König, Gott dem Herrn.
Macht auf euch,
seht der Herr ist da,
der Himmel nicht mehr fern.

Kleines Hirtenspiel

Vier Hirten stehen bei ihren Schafen, bewacht von einem Hund. Am Himmel strahlt es hell. Engel singen.

Hirte 1
Sieh mal her, ein Stern ist hier,
er strahlt so hell und breit.

Hirte 2
Hör mir bloß auf. Was ist denn das,
das Licht scheint von ganz weit.

Hirte 3
Das sieht ja aus, als würd er gleich
vor unsre Füße fallen.

Hirte 4
Pass mir bloß auf, der wird sonst
noch auf unsre Schafe knallen.

Hirte 1
Pfeif sie zurück, der Tasso soll
die Schaf zusammen treiben.

Hirte 2
Du lieber Gott, lass uns die Schaf,
was soll uns denn sonst bleiben.

Hirte 3
Am Ende geht der Himmel auf
und wir gehn mit ihm unter.

Hirte 4
Mal nicht den Teufel an die Wand,
sonst kommt er wirklich runter.

Hirte 1
Was sagt man da, du hast ja Recht,
da oben ist ein Loch.

Hirte 2
Hört ihr das auch, da singt es ja.
Wer kennt die Sprache noch?

Hirte 3
Oh Gott, wie Vögel sehn die aus,
die Flügel sind ja groß!

Hirte 4
Die sind so weiß, die sind so hell,
man sieht sogar das Moos.

Hirte 1
Wie schön das klingt, halleluja,
was haben die gesagt?

Hirte 2
Dort unten würd ein Hüttchen stehn,
das hätt auf uns gewart'.

Hirte 1
Wieso gewartet, was ist denn dort,
ist dort untergekommen?

Hirte 3
Jetzt sagt der Große, Gottes Sohn
wär zu uns hergekommen.

Hirte 4
Wer ist das Kind, wie heißen die,
der Vater und die Mutter?

Hirte 3
Maria heißt sie, Josef er,
der Bub Jesus, alles in Butter?

Hirte 4
Sag mal, wie geht denn so etwas,
im Stall kriegt die ein Kind?

Hirte 1
Die Hütte ist kein Krankenhaus,
da zieht ganz rau der Wind.

Hirte 2
Sie fanden wohl nichts anderes,
sie wären nicht von dort.
Sie kamen her von Nazareth,
von ganz weit, ganz weit fort.

Hirte 1
Mein lieber Mann, das ist ein Ding,
da fällt mir nicht mehr ein.
Hoch schwanger unterwegs zu uns,
dass muss anstrengend sein.

Hirte 3
Hätten bei uns sie angeklopft,
hätten wir aufgemacht.
Wir hätten auch ein Bett gehabt,
und auch ein dichtes Dach.

Hirte 4
Oh ja, da müssen wir sofort
ganz schnell nach ihnen sehn.
Die Schaf' nehmen wir einfach mit,
die lassen wir nicht stehn.

Hirte 1
Seht nur, die Flügelleute fliegen
schon los, jetzt macht mal schnell.

Hirte 4
Wir finden schon den Weg dorthin,
die Sterne flimmern hell.

Hirte 2
Das ist hier ja noch nie geschehn,
dass nachts im dunklen Blau,
ein Kind im Stall geboren wird,
von einer fremden Frau.

Hirte 3
Ja, ja, ein Wunder ist das wohl
und doch nicht, wiederum.
Wer aus der Fremde nachts herkommt,
dem bleiben Türen stumm.

Hirte 3
Sag' meinen gleich, was Sache ist,
erzähle von dem Kleinen.

Hirte 1
Den andren sagen wir Bescheid,
dann sind sie nicht alleine.

Hirte 4
Jetzt aber los, Tasso komm her,
treib du die Schafe an.

Hirte 3
Geht ihr schon vor, wir kommen nach,
Lämmchen tragen wir dann.

Hirte 2
Dann mal los, sonst geht der Stern
noch vor uns einfach unter.

Hirte 1
Dann aber schnell, damit wir nicht
verpassen dieses Wunder.

Hirte 3
Hast du geseh'n, das Himmelsvolk
steht schon über der Hütt'.

Hirte 4
Weißt du, das müssen Engel sein,
wir singen einfach mit.

Alle:
Halleluja, halleluja,
geboren ist ein Kind.
Macht auf euch,
kommt nach Bethlehem,
im Stall ihr es dort find.

Es ist der Mensch geword'ne Sohn,
Erlösung er euch bringt.
Macht auf euch
für die neue Zeit,
um euer Heil er ringt.

Halleluja, halleluja,
dem König, Gott dem Herrn.
Macht auf euch,
seht der Herr ist da,
der Himmel nicht mehr fern.

Deutscher Text zur Melodie „The First Nowell“
Melodie: aus Cornwall, 16. – 17. Jhd. Originaltext: Verfasser unbek.

Das erste Weihnachtsfest

Das Weihnachtsfest, der Engel spricht,
brachte zuerst den Hirten das Licht.
Sie lagen allein bei den Schafen im Feld,
oh wie kalt Winters Nacht,
oh wie dunkel die Welt.
Jubel, Jubel, Jubel, Jubel,
geboren der König von Israel.

Sie sahen das Licht, einen leuchtenden Stern,
schien hoch im Osten am Himmel so fern.
Und die Erde erstrahlte so leuchtend, so hell,
tagein und tagaus,
eine Lichterquell‘.
Jubel, Jubel, Jubel, Jubel,
geboren der König von Israel

Des Sternes Licht, sein weiter Schein,
fiel bei drei Weisen im fernen Land ein.
Sie brachen auf, um den König zu sehn.
Wo auch immer der Stern,
dorthin wollten sie gehn.
Jubel, Jubel, Jubel, Jubel,
geboren der König von Israel.

Der Stern zog nach Nordwesten ins Land
bis er schließlich über Bethlehem stand.
Da hielt er an und zog nicht mehr fort,
stand hoch über dem Stall,
denn Jesus lag dort.

Jubel, Jubel, Jubel, Jubel,
geboren der König von Israel.

Sie traten ein, ergriffen wie nie
und fielen vor Ehrfurcht auf die Knie.
Sie opferten Weihrauch, Myrrhe und Gold.
Das Kind lag im Stroh
und lächelte hold.
Jubel, Jubel, Jubel, Jubel,
geboren der König von Israel.

Lobsinget dem Herrn, dem himmlischen Sohn,
lasst preisen und jubeln uns Gott zum Lohn.
Aus dem Nichts er Himmel und Erde erschuf,
mit Blut uns erlöst,
wir folgen dem Ruf.
Jubel, Jubel, Jubel, Jubel,
geboren der König von Israel.

Aller Ehren wert

„Wirst du wohl stehen bleiben", rief Berta der Gans zu und rannte ihr hinterher. „Du hast den Auftrag, als Festmahl an Weihnachten den Gaumen zu verzaubern. Das ist doch aller Ehren wert."

Die Gans ließ sich davon nicht überzeugen, halb rannte, halb flog sie durch die Wiese hinaus in das angrenzende Waldstück. Es war nichts zu machen. Die Gans entschwand in Windeseile mit hysterischem Gegacker und Flügelschlagen.

„Kinder", erklärte Berta, als sie außer Atem wieder zurück ins Haus kam, „mit dem Festbraten wird es an Weihnachten nichts werden. Amalie ist davon geflattert. Wir müssen uns mit Kartoffeln und Vanillepudding begnügen."

„Ich hätte Amalie sowieso nicht angerührt. Sie ist meine Freundin und Freunde verspeise ich nicht", meinte klein Rita.

„So gesehen hast du Recht. Amalie ist die einzige Gans, die uns noch geblieben ist. Was soll's. Am Besten, ihr geht sie nach dem Frühstück suchen. Wisst ihr was, ich mache für heute Abend euer Lieblingsessen, Thüringer Klöße mit Specksoße."

„Au fein", rief jetzt Peter, „das wird bestimmt der schönste heilige Abend, den wir bis jetzt gefeiert haben."

Klein Rita und der größere Bruder Peter machten sich also auf in den Wald. Sie würden Amalie sicher bald gefunden haben. Die Federspur war nicht zu übersehen. Aber sie endete plötzlich hinter einem Baum.

„Amalie", rief Rita immer wieder, „Amalie, du kannst jetzt rauskommen. Du wirst nicht gebraten. Mutter macht Thüringer Klöße."

Doch vergeblich, die Gans ließ sich nicht blicken. Etwas abseits fanden sie blutige Blätter.

„Nein", rief Rita vor Schrecken, „das kann nicht sein. Amalie hat kein Fuchs geholt. Doch nicht unsere Amalie." Rita heulte unaufhörlich auf dem Rückweg.

„Sei nicht traurig," versuchte Peter sie zu trösten, „irgendwann wäre auch sie gestorben. Wie all die anderen Gänse. Dieser Fuchs hat alle unsere Gänse geschnappt. Sie wird jetzt im Gänsehimmel sein."

„Wenn Papa noch leben würde, wäre der Zaun bestimmt rechtzeitig fertig geworden", schluchzte sie.

„Papa ist auch im Himmel", murmelte Peter traurig.

Zu Hause angekommen lief Rita tränenüberströmt in die Arme ihrer Mutter und weinte: „Mama, Mama, jetzt ist Amalie doch tot. Der Fuchs hat sie gefressen. Dieser böse Fuchs."

Berta versuchte, ihre Kinder zu trösten. Obschon sie selbst genau so traurig war. Sie dachte an ihren geliebten Mann, der im letzten Jahr verunglückte. Sie hätte die Gans nicht auf den Speiseplan setzen dürfen. Wenn sie geahnt hätte, dass Rita sie so sehr ins Herz geschlossen hatte, wäre sie nie auf diese Idee gekommen. Nun war es zu spät. Dieses Weihnachten würde schrecklich werden, dachte sie und betete zu Gott, dass er ihr genügend Kraft schenken würde, um die Kinder trösten zu können und wieder zum Lachen zu bringen.

Am Nachmittag schmückten sie gemeinsam den Weihnachtsbaum. Im Gänsestall bauten sie die große Krippe auf, die ihr Mann geschnitzt hatte. Sie war fast lebensgroß. Die Krippe füllten sie mit Stroh und legten Ritas Puppe als Jesuskindchen hinein. Dann gingen sie wieder zurück.

Als die Sonne untergegangen war und der Himmel voller Sterne blitzte, suchten sie in der schönsten Sonntagskleidung wieder den Gänsestall auf, um vor der Krippe Weihnachtslieder anzustimmen. Berta zündete die großen Kerzen der Windlichter an, die in jeder Ecke platziert standen. Das Licht fiel auf die Krippe. Ihr Kinderlein kommet, begann Berta zu singen und Rita und Peter stimmten ein. Doch irgendetwas rührte sich in der Krippe. Es raschelte. Rita nahm ein Windlicht und hielt es über die Krippe. Ein heftiges Flügelschlagen folgte und lautes aufgeregtes Gegacker.

„Ha", rief Rita aus, diesmal in wahrer Freude. „Da ist ja Amalie, Amalie lebt!"

Jetzt konnte auch Peter und ihre Mutter sie erkennen. Die Gans Amalie lag in der Krippe und hielt die Puppe warm.

„Das glaub ich jetzt nicht", staunte Berta, „das gibt es doch gar nicht."

Amalie gackerte vergnügt in der Krippe und umschlang das Puppen-Christuskind.

„Da hast Recht, Amalie, das ist auch aller Ehren wert. So hat das Jesuskindlein es schön warm." Berta strich der Gans über den Kopf. „Liebe Amalie, verzeih mir bitte, dass du in den Kochtopf solltest. Von jetzt an bist du unser Gast. Das hätte Bernhard bestimmt auch getan."

Sie sangen Weihnachtslieder, Rita nahm Amalie danach in den Arm und trug sie ins Wohnzimmer. Dort packten alle gemeinsam die Geschenke aus, aßen Thüringer Klöße und zum Nachtisch Vanillepudding mit Schokoladensoße.

Deutscher Text zur Melodie „An Angel“
M: Michael Patrick (Paddy) Kelly Originaltext: Kelly Family

Schutzengel

Wenn nur noch Regen auf mich fällt,
kein Licht das Dunkel mehr erhellt,
fehlt meinem Herzen Zuversicht,
es mir an Lebensmut gebricht.

Dann frag ich mich, wer steht mir bei,
wer macht mich heil und wieder frei,
schickt einen Engel durch die Zeit,
hält seinen Himmel mir bereit?

Dann schickt mir Gott einen Schutzengel,
dann weiß ich, Gott sieht allem zu.
Dann schickt mir Gott einen Schutzengel,
dann weiß ich, Gott liebt immerzu.

Wenn sich die Welt vor mir verschwört,
die letzte Hoffnung sich zerstört,
alles zerfällt, zusammenbricht,
nur der Abschied zu mir spricht.

wenn der Mut mir ganz versagt
und meine Seele nur noch klagt,
wenn das letzte Fünkchen stirbt,
nur der Tod mich noch umwirbt.

Dann schickt mir Gott einen Schutzengel,
dann weiß ich, Gott sieht allem zu.
Dann schickt mir Gott einen Schutzengel,
dann weiß ich, Gott liebt immerzu.
Gottes Liebe wird mich führen,

wird mich tief, ganz tief berühren.
Liebe überall
wird mich tragen durch Gottes All
bis in Ewigkeit

Dann schickt mir Gott einen Schutzengel,
dann weiß ich, Gott sieht allem zu.
Dann schickt mir Gott einen Schutzengel,
dann weiß ich, Gott liebt immerzu.

Christmette

Kirchturmblasen,
rote Nasen,
Kerzen flackern,
Mäntel schlackern.

Aus der hohen weiten Ferne
tönt ein zarter Harfenklang,
Engelgesang.

Ihre Botschaft leiser Hauch,
steigt auf mit dem Weiherauch.

Nur wer hinhört,
öffnet sich,
sieht das Kind, schwört,
wissentlich.

Wunder kommen aus dem Herzen,
Liebe sprühen alle Kerzen.
Gottes Ahnung, inniglich,
Gottes Balsam, ewiglich.

Der Vogelchor oder das Wunder von Bethlehem

Im Himmel herrschte Aufruhr. Just zur Weihnachtszeit hatte den Engelchor die Wintergrippe befallen. Die sonst glockenreinen Soprane krächzten wie die Raben, die Tenöre röhrten wie die Hirsche, die Altistinnen gurrten wie die Tauben und die Bässe heulten wie die Wölfe. Nein, so konnte das nichts werden. Erzengel Gabriel war fassungslos. Wie konnte er den Menschen die frohe Botschaft überbringen, wenn am Himmel nur Gejaule und Gejammer herrschte.

Gottvater indes lehnte sich auf seinem Thron erwartungsvoll zurück. Er war gespannt darauf, ob sein Botschafter Gabriel eine Lösung finden würde.

Erzengel Gabriel berief den Erzengelrat ein. Michael, Raphael und Uriel waren ebenfalls ratlos. Auch wenn Raphael den Menschen seine heilende Kraft spenden konnte, so war er für die Heilung der Engelstimmen nicht zuständig.

Wie um alles in der Welt sollten die Hirten an Heiligabend über die Geburt des kleinen Jesuskindchens informiert werden, wenn die Engel nicht singen konnten. Einen menschlichen Chor konnten sie nicht zusammenstellen. Menschen konnten nicht fliegen.

„Wie wäre es, wenn wir die Vögel bitten würden, für uns einzuspringen", fragte Michael in die Runde.

Uriel meinte: „Ich könnte die Sonne in die umgebenden Felder von Bethlehem schicken, damit die Zugvögel warm genug haben und dorthin fliegen können. Nachtigallen, Rotkehlchen, Singdrosseln, Kraniche und Kuckucksvögel könnten dort solange überwintern, bis der Heiligabend vorüber ist."

„Ich könnte darüber wachen, dass keiner die Vögel abschießt", bot Michael an.

„Gut", nickte Gabriel, „dann machen wir uns auf die Reise, um die Sängerschar um Hilfe zu bitten."

So begaben sich die Erzengel nach Afrika, um einen Vogelchor zusammenzustellen und die Bedingungen für den Überflug ins Westjordanland zu ermöglichen. Gabriel hörte sich jeden Vogel einzeln an, denn für das Jesuskindchen mussten die Stimmen engelrein klingen.

In Afrika fiel derweil auf, dass die angereisten Singvögel auffällig oft in Schwärmen umherzogen und der Gesang mitunter so laut war, dass manch einer unter der Vogelwolke erschrocken zusammenzuckte. Noch merkwürdiger war, dass in der letzten Dezemberwoche fast alle Singvögel verstummten. Wo waren sie nur hingeflogen?

Im Westjordanland, zu dem Bethlehem heute gehört, wunderte man sich derweil über die milde Witterung. Auch wenn die Winter hier verhältnismäßig mild ausfielen, waren mehr als zwanzig Grad dort ungewöhnlich. Die Zeitungen berichteten schon von einem Klimawandel, der nun auch im Nahen Osten deutlich zu spüren wäre.

Die Schafe, die sonst eher um die Häuser weideten als auf dem freien Feld -schließlich war Bethlehem im Dezember ein Ausflugziel christlicher Touristen geworden und die israelischen Grenzkontrollen an den Absperrungen waren besonders aufmerksam und unerbittlich- stießen am vierundzwanzigsten Dezember von allein die Gatter auf und liefen ohne Genehmigung auf die Weidegründe nahe Bethlehems. Die Ausrufe, mit denen die Soldatinnen und Soldaten versuchten, die Tiere wieder zu vertreiben, blieben erfolglos.

Den trotzenden Schafen folgten die aufgeregten Hirten, denen man den Grenzübertritt genehmigte, um die verirrten Herden wieder zurück zu holen.

„Jalla, jalla", riefen die Hirten, aber die Schafe blieben stehen und bewegten sich keinen Zentimeter.

Als es dämmerte und der Mond aufging, flackerte der Sternenhimmel intensiv und eine Sternschnuppe zog einen langen Schweif hinter sich her. In diesem Moment schwärmte eine große Ansammlung von Vögeln über die Felder. Erzengel Gabriel schwebte hoch oben am Nachthimmel und über dem Feld leuchtete es, als würde die ganze Sonne auf die Erde fallen.

Die Hirten waren sprachlos, dachten zuerst an einen Weltuntergang und beruhigten sich erst, als der Erzengel Gabriel sagte: „Fürchtet euch nicht, denn siehe, ich verkünde euch eine große Freude, die dem ganzen Volk zuteil werden soll: Heute ist euch in der Stadt Davids der Retter geboren; er ist der Christus, der Herr. Und das soll euch als Zeichen dienen: Ihr werdet ein Kind finden, das, in Windeln gewickelt, in einer Krippe liegt."

Und sogleich fing der Vogelengelchor zu zwitschern an. Die Schafe blickten zu ihm hinauf und stimmten in den Vogelchor ein. Sie unterstützten die Bässe, denn die Kraniche waren auf dem Weg nach Israel aufgehalten worden.

Von Bethlehem aus sah man das Strahlen und hörte das glockenklare Konzert der Vogelstimmen und die Bässe der Schafe. Die Grenzsoldaten sahen nach oben und bemerkten nicht, dass die Schafe mitsamt den Hirten und Hunden inzwischen an ihnen vorbeizogen hinein in die Stadt Bethlehem zur Geburtskirche von Jesus Christus. Die angereisten Touristen kamen aus dem Staunen nicht heraus und fingen zu beten an. Selbst die Rabbiner und Imame hielten inne und wunderten sich über die Schafe in der Innenstadt.

Am nächsten Tag berichteten die Medien vom Vogelwunder von Bethlehem. In der Nacht hätten tausende von Vögeln über den Feldern vor Bethlehem um ein Lichtfenster gekreist und gesungen. Dazu hätten die Schafe geblökt, welche gegen jede Regel und Vorsichtsmaßnahmen der Grenzpolizei die Sperrbezirke verlassen und auf die Felder gelaufen seien. Man nahm an, dass das unerklärliche Weideverhalten auf die viel zu warmen Temperaturen zurückzuführen sei. Für den Einlauf in die Innenstadt fanden sie jedoch keine Erklärung.

In Anbetracht dieser Vorkommnisse hätten Juden, Muslime und Christen friedlich miteinander das Vogelwunder und die verirrten Schafe bestaunt. Der Heiligabend sei seit vielen Jahren ohne Spannungen und feindliche Auseinandersetzungen verlaufen. Juden seien danach in die Synagogen, Muslime in die Moscheen und Christen in die Kirchen gegangen und hätten gebetet. Die Geburtsstätte von Jesus Christus sei so überlaufen gewesen, dass die Touristen nur gruppenweise hinein gelassen werden konnten und bis in die Morgenstunden eine Menschenschlange gebildet hätten.

Die Erzengel, die nach der Heilsverkündung in den Himmel zurückgekehrt waren, berichteten Gottvater von der geglückten Überbringung der frohen Botschaft. Die Menschen hätten trotz der Erkrankung des Engelchores wie seit zweitausend Jahren Weihnachten feiern können. Gottvater freute sich darüber, dass die Engel mit ihrem Einfallsreichtum das Weihnachtsfest gerettet hatten. Wie durch ein Wunder erholte sich der Engelchor noch in der Nacht von der Wintergrippe und sang mit den schönsten Stimmen: Hosanna, Ehre sei Gott in der Höhe und Frieden den Menschen auf Erden.

Moselfränkische Übertragung des Liedes „Stille Nacht" Musik: Franz Xaver Gruber 1818, Österreich, Salzburg Originaltext: Joseph Mohr

Stille Naat, häälisch Naat

Stille Naat, häälisch Naat,
alles schlòòft, ääna waat,
nua it häälisch Paar dò woa,
lout nòm Bou met dem lockisch Hoa,
schlòòft in himmlischa Rou,
schlòòft in himmlischa Rou.

Stille Naat, häälisch Naat,
lacht da Bou, Gottes Gnaad,
léiw met seinem gettlichen Mund,
dò uus schlaat die rettende Stund.
Chrischt in deina Gebuat,
Chrischt in deina Gebuat.

Stille Naat, häälisch Naat,
Hirten hanns uus gesaat.
Engel singen Halleluja lò,
teent it laut von weit und von nò.
Chrischt da Retta is dò,
Chrischt da Retta is dò.

Deutscher Text zur Melodie „Once in royal David's City" Text: Cecil Humphreys 1848 Musik: H. J. Gauntlett 1849

Einst in König Davids Städtchen

Einst in König Davids Städtchen
stand ein kleiner Rinderstall,
wo die Mutter legt ihr Kind ins
Bett, es war ein Kripplein schmal.
Mirjam war die Mutter lind,
Jesus Christ ihr kleines Kind.

Aus dem Himmel kam er zu uns nieder
Herr der Herrscher, Gottes Sohn.
Seine Zuflucht war eine Hütte,
aus Stroh die Wiege war der Thron.
Mit den Armen, schwach des Tuns,
lebt der Retter unter uns.

Seine Kindheit war wie unser Leben,
Tag für Tag wuchs er heran.
Er war klein und zart und hilflos,
lachte, weinte wie jedes Kind es kann.
Und er fühlte unser Leid,
teilt mit uns die Fröhlichkeit.

Deutscher Text zur Melodie „Lulajże Jezuniu"
Musik: Polnische Volksweise, 19. Jhd. Verf. unbek.
Originaltext: 18. Jhd. Verf. unbek.

Schlafe mein Jesulein

Schlafe mein Jesulein, Perlchen, mein Kleiner.
Schlafe mein liebstes Kind, schlaf ein, mein Einer.
Schlafe mein Jesulein, schlafe ein Schläfchen.
Mütterlein trocknet dir all deine Tränchen.

Schließ deine Äugelein, sind schwer vom Weinen,
schließ deine Lippchen zu, wie müd sie scheinen.
Schlafe mein Jesulein, schlafe ein Schläfchen.
Mütterlein trocknet dir all deine Tränchen.

Waldbeeren, süß und fein, Jesus werd bringen,
mit ihm in Mutters Herzgärtchen wir gingen.
Schlafe mein Jesulein, schlafe ein Schläfchen.
Mütterlein trocknet dir all deine Tränchen.

Ich gebe Jesus Brot mit Butterschnippchen
und leg ihm noch dazu Püppchen ins Krippchen.
Schlafe mein Jesulein, schlafe ein Schläfchen.
Mütterlein trocknet dir all deine Tränchen.

Schlafe mein Engelchen, du Wunderschönchen,
schlafe der Welt liebstes Blümchen mit Krönchen.
Schlafe mein Jesulein, schlafe ein Schläfchen.
Mütterlein trocknet dir all deine Tränchen.

Schlafe mein Rosenkind in tausend Blüten,
schlafe du Lilienlicht, will dich behüten.
Schlafe mein Jesulein, schlafe ein Schläfchen.
Mütterlein trocknet dir all deine Tränchen.

Leg süßem Jesulein Süßes ins Nestchen,
Mandeln, Rosinchen dazu aus meinem Kästchen.
Schlafe mein Jesulein, schlafe ein Schläfchen.
Mütterlein trocknet dir all deine Tränchen.

Schlafe mein Jesulein, fall in ein Schläfchen,
schlummerst so lieb wie ein ganz junges Schäfchen.
Schlafe mein Jesulein, schlafe ein Schläfchen.
Mütterlein trocknet dir all deine Tränchen.

Schlüpfen wie alle jetzt unter die Decken,
sind wir ganz leise um dich nicht zu wecken.
Schlafe mein Jesulein, schlafe ein Schläfchen.
Mütterlein trocknet dir all deine Tränchen.

Weihnachtsstern

Die Nacht umspannt das Gipfelkreuz der Hänge,
ein Tannenzweig im Schneegestöber sinnt
verwaist nach Licht; ein Strom aus Flocken rinnt
herab, es wirren spitze Eisgesänge

vom Joch ins Tal wie helles Tongesprenge.
Ein Strahlenkranz der Dunkelheit entrinnt
und leuchtet; neugeboren lacht ein Kind,
dass funkeln aller Zinnen Ränge.

Ein Stern entsteht, er weist den Weg den Weisen,
die unbeirrt den Ort der Schöpfung suchen.
Die heilige Verkündigung ersuchen

die Wanderer auf unberührten Gleisen.
Erschöpft verlassen sie die kahlen Pfade
der täglichen Gesellschaftsmaskerade.

Jahreswechsel

In den beißenden Frost hinaus.
Ein Atemnebel züngelt. Kältestoss.
Jemandes Pulsschlag friert im Schoss
verhärteter Landschaft. Im Garaus

der Farben lodert Wangenrot.
Wie es knittert in den Einsamkeiten.
Sprosst aus schneeweißen Wendezeiten
Kristallglanz. Eiszapfen senden das Lot

zur frühen Nacht, die Licht verdrängt.
In den dunklen Gefächern klirrt
sphärisches Glockenspiel, das flirrt

zwischen vereisten Neonröhren. Anfängt
erbarmungslos das Jahraus bei dem Versuch,
Strenge zu mildern. Brandgeruch.

Wintergrimm

Unter tiefhängendem, schneeblindem Himmel
erstarrtes Grünland, hessischer Spessart,
tiefgefroren, schockgefrostet vom Silvesterlärm.

Hoch lockt das Wolkenhaus Kältedunst
aus dem Boden, weiße Silben,
die der Neujahrsmorgen ausstottert
wie Vorsätze, Wunschgedanken, Hoffnungen;
sie verhauchen Schicht für Schicht.

Dort wächst Frost, der weiße Stacheldraht,
Äste klirren im Wind wie Silberlinge
im Reich der Eiskönigin, Schwänin kalter Märchen.
Dir schlägt das Herz im Einsamen, Leblosen.

In naher Ferne krachen Hexen
durch die Steinheimer Wehrmauer,
schlagen die Märchentür zu, rau, kratzig, kaltschnäuzig
und singen: „Kusper, knusper, Knäuschen,
wer knuspert an dem Häuschen?"

Durch die Tore ziehen Wintergnome.
Ach Grimmstadt, dir droht
der versfüßige Buchwurm mit Seitenverlust.

Kein Tier, das zu finden wär,
kein Zwerg, der Schneewittchen beweint,
nur Schwaden, die durch die Landschaft ziehen,
silbergrau, aschkalt, verschleiern die Aussicht,
vernebeln Kirchtürme mit Glockengang
bis zur vollständigen Auflösung.

Pfannenkummer

Wenn die Tanne nadelt,
ihn die Pfanne tadelt.
Sie würd gerne weiterkochen
wie in all den Weihnachtswochen,
denn nur bis Dreikönig
ist ihr viel zu wenig.

Jetzt wartet sie aufs Osterfest,
bis braten sie das Kloster lässt.
Bis dahin muss sie fasten
und ruhn im alten Kasten.

Die Weisen

Einst zogen drei Weisen durch Sturm und Wind,
folgten dem Stern durch die Nacht,
das Schneegestöber machte sie blind,
sie stapften und eilten zum göttlichen Kind,
ein Stern hielt am Himmel die Wacht,
ein Stern hielt am Himmel die Wacht.

Er stand plötzlich still über Bethlehem,
strahlte auf in der Dunkelheit.
Die Krippe im Stall stand auf hartem Lehm,
das Kind im Stroh lag weich und bequem,
er kam aus der anderen Zeit,
er kam aus der anderen Zeit.

Die Weisen hatten Geschenke dabei,
brachten Weihrauch, Myrrhe und Gold.
Am Ziel der weiten Landwanderei
ertönte von fern der Klang der Schalmei,
die Geburt war von Gott gewollt,
die Geburt war von Gott gewollt.

Heut ziehen drei Kinder von Haus zu Haus,
halten hoch den heiligen Stern,
sie singen und wandern herum ohne Paus',
der Sternträger immer ein Stückchen voraus,
sie künden vom Kommen des Herrn,
sie künden vom Kommen des Herrn.

Ladinische Aussichten

Corvara ist eine Gemeinde mit fünfzehntausend Touristenbetten, drei Lebensmittelläden, drei Sportgeschäften, zwei Boutiquen, mehreren Geschäften mit Artikeln des Kunsthandwerks, kurzum eine Gemeinde, die alles hat, was man zum Leben benötigt, die jedoch ohne den Schnickschnack unserer Konsumgesellschaft auskommt. Vom einfachen Leben spricht die Touristikbranche, das selbst schon zur Kunst geworden sei. Und je länger man sich hier aufhält, desto deutlicher wird diese Distanz.

Die Alpwirtschaft wird nur noch von wenigen Bauern betrieben. Manche Berghöfe sind bereits zerfallen, der Mörtel des Mauerwerks aus aufgehäuften Kalksteinen zerbröckelt, verwitterte Bretterverschläge und Fensterläden an zerborstenen Scharnieren hängen von den Wänden herab.

Die Menschen unterhalten sich mal in deutscher, mal in italienischer Sprache. Mit Touristen redet man deutsch, als sei dies die Muttersprache. Da mich dies verwundert, spreche ich im größten Supermarkt des Ortes die Verkäuferin an. Eine ältere Dame, die mit der jüngeren hinter der Theke steht, gibt sich als Frau Kostner zu erkennen, als Angehörige der Inhaberfamilie, einem Traditionshaus, dessen Spross es zu sportlichem Ruhm gebracht hat. Klar, dass den Namen Kostner hier jeder kennt und würdigt. Und so erfahre ich, dass Deutsch immer noch in der Grundschule neben französisch alternativ angeboten wird. Das obere Südtirol mit Grödner Tal, Alta Badia und Fassatal wäre daher immer noch deutschsprachig.

Bei Ladenschluss verhält man sich eher städtisch. Wenn die Kasse geschlossen ist, wird nichts mehr verkauft. Sie schließt sehr pünktlich. Was anfänglich wie leise Arroganz anmutet, entwirrt sich bei genauerem Hinsehen als Feierabenderwartung. Egal was man sagt, sie verstehen die Worte und an den Gesten erkennt man die kaufmännische Erfahrung, das Businessgepräge moderner Zivilisationen. Romantik kommt da nicht auf, eher ein Gefühl von Geschäftstüchtigkeit.

Die ladinische Volkskunst ist hier nur an den Holzschnitzereien auszumachen. Corvara ist längst kein Bergbauerndorf mehr, das Skifahrer als Quelle für Zusatzeinnahmen duldet. Hier wird Sport und Erholung verkauft und zwar das ganze Jahr über.

Corvara hat zwei Kirchen. Eine Glocke gibt den Stundenschlag vor. Religiosität ist eher säkular erfahrbar. Der Sonntag und die Sonntagsruhe werden jedoch gehalten. Es gibt auch regelmäßige Angebote zur Ehevorbereitung und christliche Seminare. Der Papst betet für den Frieden, für ein Ende des Terrors und der Gewalt.

Der Ort ist schnell abzugehen und so setze ich mich in der Mittagszeit auf die Terrasse des Hotelzimmers und genieße die Sonnenstrahlen, lade mich mit deren Wärmeenergie wieder auf. An den Bergauffahrten ist lediglich ein Imbissstand vorhanden, obwohl dort eine Gondelbahn, mehrere Sessellifte und Schlepperlifte zu den Gipfeln führen. Auch beim Gondelausstieg ist keine Berghütte zu finden, was mich dann doch verwundert. Kein ladinisches Mallorca, kein Ischgler Après Ski, Einfachheit ist hier Programm.

Von den Höhen der am Sassongher angelehnten strada sassongher sieht man auf Corvara herab. Von hier oben aus gleichen die Sessellifte einem Vogelzug. Die Autos kriechen wie Ameisen die Serpentinen hinauf und hinab. Alles fügt sich zu einem selbstverständlichen Ganzen, ohne Aufgeregtheit, ohne Besonderheit, aber auch ohne idyllische Verklärung. Mag sein, dass dies am wegtauenden Schnee liegt, der Skifahrer dazu nötigt, die Bretter stellenweise abzuschnallen, um nach fünf Metern wieder weiterfahren zu können. Aus geöffneten Fenstern dringt das Programm des Rundfunks und begleitet den südtiroler Vormittag mit bekannten Klängen der Popmusik. Auch in diesem Viertel stehen die Uhren auf Gegenwart. Corvara ist keine Reise in die Vergangenheit, es ist eine Begegnung mit westeuropäischen Zeittakten, zivil, menschenfreundlich, gottesfürchtig und geschäftstüchtig.

Skifahrer kehren häufiger zurück, denn das Angebot an Abfahrten der unterschiedlichsten Schwierigkeitsgrade ist enorm groß. Die vielfältigen Berglandschaften erinnern an die Kulissen großer Kinofilme. Vielleicht ist dies ein Grund dafür, dass man den Rummel und den üblichen Skizirkus nicht nötig hat. Die Geographie spricht für sich.

Diese Umgebung ist es auch, die mich draußen verweilen lässt. Ein derartiges Panorama aus Gebirgsketten, Steilhängen, zerklüfteten Felsen und wuchtigen Gipfeln ist eine Seltenheit. Das Endirosa der Sellarondaspitzen bleibt als Etikett einer Bergregion zurück, einer Zuflucht, die es verstanden hat, die Spielregeln der Freizeitindustrie anzuwenden, ohne die Natürlichkeit zu zerstören. Möglicherweise ist dies das Merkmal ladinischer Lebenskunst.

Moena

1
Massiv aus Fels begrenzt das Fassatal.
Im Westen ragt empor der Rosengarten,
im Osten Alpe di Lusias Gipfel warten
und Latemars Gebirge kappt die Zahl

der Zufahrtsstraßen. Wer trotz der Qual
Moena will besuchen muss bald starten.
Die zugeschneiten Wege jene narrten,
die meinten, vieles stünd' zur Wahl.

Doch nur die Via Dolomiti führt
zur Heimat der Ladiner. Deutlich spürt
der Gast die tausendjährige Geschichte.

Das Straßenbild, von altem Handwerk stolz geprägt,
verrät die Herkunft: Die Giebel in den Berg geschrägt.
Gesteinswelt macht Auswüchse schnell zunichte.

2

Die Via Löwy säumt getünchtes Fachwerk,
Fassaden eingefärbt in Rosa, Gelb und Blau
mit Arabesken bis zum Dachverhau.
Die Fronten lenken meinen Augenmerk

auf schmucken Zierrat vor dem Tor der Herberg',
die ihre Gäste aufnimmt vor des Abends Grau.
Dass jeder Mensch in San Vigilio Gott vertrau
erscheint das Dorf im Berglicht wie ein Kunstwerk.

Und in den Winkeln steiler Gassen schmiegt
Geruch aus Tradition und Holzbrand Berg
und Mensch zusammen. Der Natur Gewerk

versöhnt die Schöpfung. Wer die Not besiegt,
das Leben annimmt, sich in Liebe weiß,
erfährt das Glück auf eine ganz besondere Weis'.

3

Wo Fassbinders Botega noch erhalten,
das Handwerkszeug behutsam ausgestellt,
gegliedert nach der Arbeitsphasen Welt.
Mit Kufen, Bottichen und Eimern walten

noch heute manche Bauern nach der kalten,
meist langen Winterszeit. Sie ackern auf dem Feld,
vermehren Erntegut und Wirtschaftsgeld,
um ihren Vorrat und den Stand zu halten.

Doch auch Moena zollte uns'rer Zeit Tribut.
Die Alpwirtschaft geschrumpft, die Produktion erneuert.
Das Brauchtum wird von der Region beteuert,

trägt Jahr für Jahr den bunten Narrenhut.
Musik und Tanz beim Umzug der Ladiner
erfreut das Volk und windige Schlawiner.

Kappensitzung

Die Oberbürgermeisterin telefoniert: „Hier ist die Oberbürgermeisterin. Die Weberin soll umgehend in mein Büro kommen."

Frau Weber: „Guten Morgen Frau Oberbürgermeisterin."

Oberbürgermeisterin: „Guten Morgen Weberin. Sagen Sie mal, Sie waren doch gestern bei der Kappensitzung."

Frau Weber: „Kappensitzung? Ich dachte der Stadtrat tagt erst wieder nach Fasching."

Oberbürgermeisterin: „Weberin, Sie sollten die ehrenamtlichen Würdenträger nicht so beleidigen."

Frau Weber: „Ehrenamt? Ist das ein Faschingsscherz? Seit wann braucht man für dieses Amt Ehre?"

Oberbürgermeisterin: „Nicht das Amt braucht die Ehre, die Ehre braucht das Amt."

Frau Weber: „Ach was, und ich dachte, es ginge um die Sitzungsgelder."

Oberbürgermeisterin: „Umsonst ist nur der Tod und der kostet das Leben."

Frau Weber: „So viel Vergeblichkeit drückt eben auf den Stadtsäckel. Doch ist die Stadt erst ruiniert, stärkt sie Kontrollen ungeniert."

Oberbürgermeisterin: „Weberin, die Parkplatzsituation wird ohne Kontrollen auch nicht besser."

Frau Weber: „Wenn Sie das sagen, Frau Oberbürgermeisterin.“

Oberbürgermeisterin: „Weberin, waren Sie nun auf der Kappensitzung in der Saarlandhalle? Ich war leider zu unpässlich.“

Frau Weber: „So viel Unpässlichkeit bei einer Prunksitzung hat es noch nicht gegeben.“

Oberbürgermeisterin: „Wie meinen Sie das.“

Frau Weber: „Der Oppositionsführer war auch nicht da.“

Oberbürgermeisterin: „Dann war das wohl ein Schuss ins Leere.“

Frau Weber: „Eher vor den Bug. Da die führenden Politiker der Landeshauptstadt nicht anwesend waren, hat der Elferrat eine Oberbürgermeisterin und einen Oppositionsführer aus dem Publikum nominiert. Man wollte für die Pfeile eine Zielscheibe haben.“

Oberbürgermeisterin: „Diese Faschingsprinzen haben also eine Bühne gebraucht.“

Frau Weber: „Da verstehen die keinen Spaß. An Fasching ist niemand zum Scherzen aufgelegt.“

Oberbürgermeisterin: „Wäre auch ein Wunder, wenn das Volk seinen natürlichen Aufgaben nachkommen würde.“
Frau Weber: „Ganz im Gegenteil. Das Volk hat gewütet wie einst bei Nero, dem Verrückten.“

Oberbürgermeisterin: „Wie Kaiser Nero? Der hat Rom in Brand gesetzt.“

Frau Weber: „Und der Elferrat die Saarlandhalle."

Oberbürgermeisterin: „Was, es hat gebrannt? Tatsächlich? Mein Gott, die Feuerwehr ist immer noch unterbesetzt."

Frau Weber: „Es brannte an Worten, so dass das Volk mit dem Löschen nicht mehr nachkam. Das hat vielleicht gestunken."

Oberbürgermeisterin: „Wieso gestunken?"

Frau Weber: „Ja trinken Sie mal den ganzen Abend Apfelsaft. Die Verdauung möchte ich sehen, die da nicht angeregt werden würde."

Oberbürgermeisterin: „Weshalb gab es keinen Champagner?"

Frau Weber: „Die Königin der Weine war ausgegangen, genau wie Sie."

Oberbürgermeisterin: „Fasching ohne Champagner? Das gibt es doch gar nicht."

Frau Weber: „Nachdem der Elferrat für Ihren Ersatz gesorgte hatte, ersetzte dieser den Champagner mit Apfelsaft. Der hat sich die Faschingsreden so sehr zu Herzen genommen, dass er nicht weiter Wasser predigen und Wein trinken wollte."

Oberbürgermeisterin: „Das ist ja ungeheuerlich, Kritik ernst zu nehmen und den Leuten das Trinken verbieten! Da haben wir ja gar keinen Umsatz gemacht."

Frau Weber: „Das ist das Schöne daran. Alle nichtalkoholischen Getränke waren teurer als der Alkohol."

Oberbürgermeisterin: „Das Vergnügen lag also auf unserer Seite."

Frau Weber: „Nicht ganz. Das Volk begnügte sich nicht mit Wasser. Die nahmen den Spaß auch todernst, packten den vorsorglich eingeschleusten Vorrat aus und begannen, heimlich zu trinken. Als die Narren von dem vielen Alko-Wasser trunken waren, stürmten diese die Reservebänke..."

Oberbürgermeisterin: „Was?"

Frau Weber: „Sie stürmten die reservierten Bänke und verpassten den Ehrenbürgern eine Wassertaufe. Da stand das ganze Kabinett unter Wasser und sang mit ihrem Volk gemeinsam *mir fahre mem Schiffche so gär uf da Saar*. Die nichtalkoholisierte Oberbürgermeisterin hat man dann mitsamt dem Oppositionsführer zu Grabe getragen. Das war vielleicht eine schöne Beerdigung. So einen würdevollen Abgang hat es an der Saar schon lange nicht mehr gegeben."

Winternarretei

Der Winter zieht die Stiefel aus,
rutscht durch den Februar
mit durchgetretenen Sohlen.

Die Fastnacht trommelt schon voraus,
bekämpft den Kälterest
mit Ratschen, Klatschen und Johlen.

Maskenträger stanzen durch Straßen,
verjagen das tiefe Dunkel,
ganz laut und unverhohlen.

Narren im Mummenschanz spaßen
mit Glöckchen und Pfeifen,
den Winter soll der Teufel holen.

Anhang

Weitere Bücher von Vera Hewener

Vermisstenanzeige. Gewidmet den ermordeten Juden des Naziregimes. Lyrik und Prosa. Vera Hewener. Libri BoD. Norderstedt 2000. ISBN 3-8311-0748-3. 2. erw. Auflage 2014. ISBN 978-3831107483.

Lichtflut. Reisenotizen. Lyrik und Prosa. Vera Hewener. Edition Calamus. Norderstedt 2001. ISBN 3-8311-1493-5. 2. erw. Auflage 2014. ISBN 987-3831114931.

Eine Neigung aus Blau. Gegenwartslyrik. Vera Hewener. Norderstedt 2002. ISBN 3.8311-3334-4. 2. Auflage 2014. ISBN 9783831133345

Bist Himmel mir und tausend Feuerfunken. Gedichte. Vera Hewener. Mauer Verlag. Rottenburg a/N. 2003. ISBN 3-937008-46-2.

Verwirbelungen der Zeit. Vera Hewener. Lyrik mit Bildern von Carolin Isele. WiKu Éditions Paris E.U.R.L. Paris und WiKu Verlag KG Berlin 2005. ISBN 3-86553-203-9.

Es kommen andere Ewigkeiten. Gedichte. Vera Hewener. WiKu Édition Paris ISBN 2-84976-0188 WiKu Verlag 2007. ISBN 978-3-86553-189-6.

Himmelsstürme. Vera Hewener. Gedichte mit Fotografien. edition Wort Verlag Bitburg 2010. ISBN 978-3-936554-00-3.

Das Jahr: Dichtung in vier Sätzen. Vera Hewener. Gedichte mit Fotografien. BoD Books on Demand Norderstedt 2013. ISBN 978-3-7322-3168-3.

Zaubervolle Winterwelt. Gedichte, Geschichten, Notizen. Vera Hewener. Verlag BoD Books on Demand. Norderstedt 2014. ISBN 9783735761262.

Frühlingsserenade. Die schönsten Gedichte, Geschichten und Notizen zur Frühlingszeit. Vera Hewener. Verlag BoD Books on Demand. Norderstedt 2015. ISBN 978-37347-3140-2.

Die Blüte des Sommers. Sommeranthologie. Die schönsten Gedichte, Geschichten und Kalendernotizen. Vera Hewener. Verlag BoD Books on Demand. Norderstedt 2015. ISBN 978-3-7347-89540.

In der Saar schwimmen keine Krokodile. Gegenwartslyrik & Texte. Vera Hewener. Verlag BoD Books on Demand. Norderstedt 2015. ISBN 9783738635676

Von Lorraine nach Aquitaine. Reisenotizen in Lyrik und Prosa. Vera Hewener. Verlag BoD Books on Demand. Norderstedt 2016. ISBN 9783741210860.

Du trocknest meine Tränen wieder. Religiöse Lyrik & Texte. Vera Hewener. Verlag BoD Books on Demand. Norderstedt 2016. ISBN 9783743113589.

Zaubervolle Jahreszeiten. Der Frühling. Vera Hewener. Verlag BoD Books on Demand. Norderstedt 2017. ISBN 9783743125117.

Aus meinem Federkiel. Magische Momente. Natur & Seele. Gedichte. Vera Hewener. Verlag BoD Books on Demand. Norderstedt 2017. ISBN 9783744870511.

Zaubervolle Jahreszeiten. Der Sommer. Vera Hewener. Verlag BoD Books on Demand. Norderstedt 2017. ISBN 9783744870993.

„Kerzen, Wunder, Himmels-Zunder". Vera Hewener. Lustige und besinnliche Geschichten und Gedichte zur Advents- und Weihnachtszeit. Verlag BOD Books on Demand. Norderstedt

2017. ISBN 9783744893824. 2. Ausgabe 2019. ISBN 9783738629682.

Die Jahreszeiten: Auslese. Gedichte. Vera Hewener. Verlag BOD Books on Demand. Norderstedt 2018. ISBN 9783738636017

Werkausgabe Band I. Frühe Gedichte 1970-1999. Verlag BOD Books on Demand. Norderstedt 2018. ISBN-13: 9783746025292

Kinder, Hund, Familienbund. Lustiges, Tierisches und Allzumenschliches in Lyrik und Prosa. Vera Hewener. Verlag BOD Books on Demand. Norderstedt 2018. ISBN 9783746056821

Zaubervolle Jahreszeiten. Der Herbst. Vera Hewener. Verlag BoD Books on Demand. Norderstedt 2018. ISBN 9783752842135

Christnacht, Glocken, Engelslocken. Gedichte und Geschichten zur Weihnacht. Vera Hewener. Verlag BoD Books on Demand. Norderstedt 2018. ISBN 9783748107637. 2. Ausgabe 2019. ISBN 9783741251641

In der Saar feiern die Fische. Gegenwartslyrik & Szenen. Vera Hewener. Verlag BoD Books on Demand. Norderstedt 2019. ISBN 9783732237142

Von Brandasund bis Nasholim. Reisegedichte, lyrische Ausflüge, Geschichten und Notizen. Vera Hewener. Verlag BoD Books on Demand. Norderstedt 2019. ISBN 9783732235841.